건축신문 VOL.22

등장하는 건축가들

서문: 그 후 10년

건축가라는 직업 앞에 '젊은'이라는 수식어가 붙은 것은
언제부터였는지 모르겠지만, 젊은건축가상의 시작이 10년 전,
『공간』의 젊은 건축가 연재가 8년 전, 젊은건축가포럼코리아의
첫 파티가 7년 전이다. 2010년 전까지만 해도 새로운 건축가를
만나는 것은 뉴페이스를 찾는 일이 중요 임무인 건축잡지조차도
1년에 한두 명을 만나면 다행일 정도로 매우 드문 일이었다.
(당시 『공간』이 이듬해 연재를 이어가지 못한 이유도 취재
대상을 충분히 확보하지 못해서였다.) 개인 건축가로 독립하는
시기도 지금과는 사뭇 달랐다. 지금보다 긴 실무 경험을 쌓고
나서야 독립을 생각할 수 있었고, 독립 후에도 5년 정도가
흘러서야 매체의 레이더망에 잡혔고, 매체가 기사화하기까지는
몇 개의 관문을 더 거쳐야 했다. 저마다 신중을 기하다 보니
수도 적고 시기도 더뎠다. 신인 건축가의 수가 눈에 띄게
늘기 시작한 때는 대형 설계회사의 경영난으로 인해 건축가
엑소더스가 일어났던 5-6년 전부터였다. (해외에서도 1년
정도 앞서 대형 설계회사들의 대대적인 구조조정이 있었다.)
대형 회사의 경영난이 촉매 작용을 했지만, 전조와 징후는
이미 곳곳에서 간헐적으로 나타나고 있었고, 충분한 조건들이
조용히 쌓이고 있었다.

    '젊은 건축가'가 우리 건축계에 처음 출현했던 때를
돌아보면 지금과는 또 다른 상황과 면모가 있었다. 당시
업계는 대형 회사와 소형 아틀리에의 대결 구도가 지금보다
뚜렷했고, 아틀리에 진영은 중소규모 시장 확대에 대한

낙관적인 전망을 갖고 있었다. 해외 유학과 실무 후에 귀국을
생각하는 건축가들에게 서울은 말 그대로 기회의 땅이기도
했다. 그래서 비록 수는 적었지만 독립한 건축가들에게서는
뭐든 다 한다는 긍정적인 낙관과 자신감이 흘러나왔다.
자신만의 색깔이나 지향성이 뚜렷했고 저마다 특화된 무기가
하나씩 있었다. 미술전시 참여, 공공예술 작업, 파라메트릭
디자인, 작은 것에 대한 관심, 동네 건축, 일상의 가치, 도면의
디테일, 철저한 서비스 정신 등이 그들이 추구하고 내세웠던
특기와 지향점들이었다. 지금은 모두 건축계 보편의 영역이
되었다. 누구나 일상의 작은 가치와 섬세한 도면과 재료를
이야기하고, 전시나 공공예술 영역에서 건축가를 부르는
일이 어느새 당연해졌다. 2011년 12월 『공간』이 젊은 건축가
특집 연재를 마무리하며 실은 건축가 김찬중의 글 '전장에
선 젊은 건축가들'에는 당시 상황이 잘 설명되어 있다. (이때
취재 대상이 고기웅사무소, 와이즈건축, 사이건축, 조호건축,
사무소효자동, 스튜디오위브, 디아건축, 삶것, 공일스튜디오,
이재하건축사사무소였고, 대부분 독립 5년차 안팎이었다.)

"의미 있는 것은 그들의 행보가 체제 순응적이지 않고(그렇다고
반체제적이지도 않은) '체제 관찰적'이라는 점이다. 이들은 거대
담론을 이야기하기보다는 현실에 밀착한 이슈들을 건축 안에서 혹은
생산과 소비의 관계 속에서 논리적으로 혹은 감성적으로 파악하고,
주변에서 일어나는 건축이라는 행위를 주도하는 체제를 면밀히
관찰하려고 노력한다.
    (중략) 기술적(디자인) 특화는 어쩌면 우리의 존재 이유다.
(…) 그것이 형태든, 재료든, 디테일이든, 따라할 수 있을 것 같지만
결코 따라하기 쉽지 않은 그 무엇이 필요하다. (…) 대형 사무소는

태생적으로 캐시플로우를 지속적으로 만들어내야 하기 때문에
이런 실험으로 누적되는 위험을 감수하려면 상당한 희생과 결단이
필요하다. 하지만 소형 사무소는 당장 성과가 보이지 않더라도
지속적으로 실험할 수 있는 유연성이 있다."

지난 10년 동안 젊은 건축계에는 얼핏 상향 평준화가 일어난
느낌이지만, 상황은 녹록지 않다. 예전에는 특별했던 것들이
보편화되면서 이젠 자신만의 특별함은 웬만해서는 강조되기
어렵다. 신인 건축가의 수는 급증했지만 건축 시장은 점점
위축되고 있다. 예전에는 수주와 설계비의 경쟁 상대가
허가방이나 집장사 같은 외부 집단이었지만 지금은 내부의 소리
없는 경쟁으로 옮겨가는 모습이다. 그와 더불어 과거의 낙관적
전망과 도전적인 자신감은 다소 위축되고, 조심스럽고 신중해진
분위기다. 차순위였던 손익 계산과 조직 경영이 점점 더 중요한
자리를 차지하는 듯 보인다. 젊은 건축가를 지원하려는 제도는
각종 수상 제도, 지자체의 공공건축가 제도, 현상설계 참가 영역
구분 등 다양해졌지만, 그것들이 실질적인 지원 효과가 있는지에
대해서는 선뜻 답하기 어렵고, 반면 '젊음', '공공', '공정'을 내건
다른 종류의 차별을 만든다는 비판의 목소리는 곳곳에서 들린다.
한편, 10년 전이나 지금이나 새로 독립하는 건축가들에게
변함없는 것이 있다. 독립은 건축가라는 직업을 선택했을 때부터
늘 생각해온 꿈이자 운명이라는 것, 독립의 계기는 특별히 따로
존재하지 않고 경력에 따른 자연스러운 흐름이라는 것, 독립의
이유는 언제나 나의 일을 쌓아가고 싶은 욕구라는 것, 사무소
규모는 10년 전이 아니라 30년 전이나 지금이나 웬만해서는
키울 일도 이유도 없다는 것, 그리고 무엇보다 건축설계라는
일은 새 프로젝트를 만날 때마다 늘 처음 하는 일이나 다름없는,

모든 것이 낯설고 기댈 곳 없는 빈 땅에 금을 긋는 일이라는 것.

　새 건축가를 찾아나선 우리 관점도 예전이나 지금이나 크게 다르지 않았다. 이전 건축가들과 뭔가 다른, 어딘가 새로운, 지금 시대와 닮은 건축가들을 만나고 싶은 희망이다. 그러나 별로 달라지지 않은 독립의 조건과 개인 사무소의 여건, 누적되지 않는 공동의 경험과 지식을 생각하면 우리 관찰자들이 기대하는 새로운 건축가의 등장은 시스템적 발전보다 생물학적 진화, 그것도 돌연변이 출현에 기댄 확률게임일지 모른다. 진화에는 긴 시간이 필요하고, 그 변화를 제대로 관찰하기 위해서는 충분한 표본을 찾아야하고, 진화의 다음 단계를 공언하려면 설득력 있는 연결고리들이 발견되어야 한다. 그래서 어쩌면 우리는 태도를 바꿔야 한다. 단번에 눈에 띄는 건축가를 찾아나서기 보다 시간을 갖고 여러 건축가의 행보를 성실히 추적해야 한다. (처음 내세운 지향점을 고집스럽게 추구하는 이가 있고, 생각을 이리저리 바꾸는 것을 개의치 않고 변화하는 이가 있고, 모두의 예상을 벗어난 행보를 보이는 이가 있고, 환경 변화에 예민하여 사라지는 이가 있고, 환경 자체를 바꿔버릴 사람도 있을 것이다.) 관찰과 취재, 나아가 비평이 서야 할 자리가 바로 거기가 아닐까. 긴 시간 이어지는 탐색과 끈질긴 추적이야말로 우리의 미덕이 되어야 한다. 건축이 한순간에 생성되고 소멸하는 것이 아니듯 건축가의 작업 세계도 어느 한 시점에 가늠할 수 없는 것이다.

이 책은 2018년 8월부터 11월 사이 10회에 걸쳐 진행된 시리즈 포럼 〈두 번째 탐색〉을 기초로 하고 있다. 〈두 번째 탐색〉과 관련해 가장 많이 받은 질문은 건축가의 선정 기준이다. 특별한 선정 기준은 없었다. 이 포럼은 공모나 수상을 심사하는 자리도 아니고 올해의 인물 같은 특별 이벤트도 아니다. 우리 주변에 있지만 '우리가 잘 모르는', '아직 제대로 이야기를 나눠보지 못한' 건축가들을 초대해서 그들의 작업을 함께 살펴보고 이야기를 나눠보는 자리, 그 이상도 이하도 아니다. 우리가 알고 싶은 것은 하나, '당신은 누구인가'다. 물론 이 질문에는 추구하는 바나 관심사가 무엇인지, 대표작이 무엇인지, 어떤 이력을 쌓아왔는지 같은 질문들이 이어지지만, 결국 하나의 질문이다. 우리는 그저 우리가 잘 몰랐던 건축가를 알아가고, 그 행보를 계속 지켜보고 싶다. 지금은 그것으로 충분하다.

선정 기준이 없다는 말이 무책임하게 들릴지 모르겠다. 매우 느슨한 '초대'의 기준은 있었지만, 우열을 가르거나 가치를 판단할 정도의 '선정' 기준은 없었다. 이름만 들어봤을 뿐 어떤 생각을 하는지, 무슨 작업을 하는지 알 기회가 없었던 건축가를 무작정 모았다. 받아둔 명함에서, 남겨진 메모에서, 주변 소개를 통해서 40여 팀의 명단이 나왔고, 그중 웹사이트가 있어서 최소한의 정보를 찾아볼 수 있는 곳이 30여 팀이었다. 그 시기에 때마침 기사화됐거나 상을 받거나 다른 자리에 초대된 팀은 후순위로 뒀다. 그렇게 이름과 웹사이트 주소만 추린 목록을 패널들에게 보내서 만나보고 싶은 명단을 자유롭게 받았고, 그중 10팀을 연락이 닿는 대로 섭외했다. 이것이 전부다.

〈두 번째 탐색〉이 취한 태도는 보통의 출판이나 잡지의 태도와 다르고, 비슷해 보이는 다른 포럼이나 강연 프로그램과도 다르다. 그들은 확실한 콘텐츠를 성공적으로 생산, 유통하기 위한 목표에 최대한 부합하는 인물을 엄선하는 데서부터 출발한다. 하지만 〈두 번째 탐색〉은 확실함과 유명함에 기대지 않고 선별에 대한 판단을 유보함으로써 가능한 한 넓은 대역폭의 채널을 개설하고자 했다. 그리고 적지 않은 시간과 노력을 들여미지의 건축가들을 찾아 나섰고, 그 기록을 여기에 남긴다. 다소 무모해 보일지 모르는 이 일은 건축의 공익재단이기에 시도할 수 있는 것이기도 하다. 정림건축문화재단은 "한국 건축계의 건강한 생태계를 위해" 일하고, "한국 건축문화의 균형 잡힌 매개자 역할"을 하기 위해 존재하기 때문이다.

우리는 이제 이 열 팀의 건축가를 알게 되었을까? 그렇기도 하고 아니기도 하다. 각 팀에게 한 시간 정도의 발표를 듣고 한 시간 정도 질문과 답을 주고받았다. 두어 개의 작업을 파워포인트 슬라이드 몇 장으로 봤고, 처음 만난 당일 예닐곱 개 정도의 즉석 질문을 우물쭈물 건넸을 뿐이다. 초대받은 건축가들 대부분은 사무소를 시작한 지 만 5년이 채 안 된 사람이 많고, 지은 건물도 아직 두세 개밖에 안 된다. 그들 역시 자신이 추구하는 건축을 아직 충분히 실현해내지 못했다. 우리는 그 시작의 단편들을 겨우 보고 들었을 뿐이다. 〈두 번째 탐색〉은 당분간 성급한 판단과 평가를 경계하며 정보의 탐색망과 네트워크를 조금씩 더 넓혀가려 한다.

글 김상호

일러두기

[1] 〈두 번째 탐색〉은 정림건축문화재단의 새 포럼 시리즈로 2018년 8월 30일부터
     11월 14일 동안 10회에 걸쳐 진행되었다.

[2] 1장 '열 번의 탐색'은 〈두 번째 탐색〉 초대 건축가 열 팀과 패널들이 주고받은
     대화의 기록이다. 포럼 자리에서 오간 토론과 질의응답 중 '당신은 어떤
     건축가인가'라는 질문에 답이 될만한 내용을 추렸고, 포럼 이후에 별도로 진행한
     인터뷰를 앞에 붙였다. 2장 '열 개의 작업들'은 열 팀의 대표작을 압축적으로
     실었다. 지금까지 실현했거나 실현을 앞둔 프로젝트 가운데 각 팀의 지향점이나
     성향이 잘 드러날 수 있는 것을 상의를 거쳐 선택했다. 3장 '지금 젊은 건축계'는
     열 팀의 건축가들이 바라보는 건축계 현황에 대한 공통 인터뷰 문답을 따로
     모았다. 마지막 4장 '젊은 건축가 시대 점검'은 〈두 번째 탐색〉이 자리하고 있는
     '젊은 건축가' 필드를 발생시킨 힘들('젊은 건축가'라는 타이틀, 젊은건축가상,
     젊은건축가프로그램, 젊은건축가포럼코리아)의 작동방식과 유효성을 다섯 필자의
     글을 통해 점검해보았다.

열 번의 탐색
당신은 어떤 건축가인가

김효영건축사사무소 (khyarchitects.com)

김효영은 단국대학교와 경기건축전문대학원에서 공부하고 여러 건축가의
아틀리에에서 실무를 쌓은 후 김효영건축사사무소를 개소하였다. 건축이
만들어지는 상황 안에서 성격을 찾아내고 표현하는 데 집중하며, 민간과
공공에 걸친 작은 규모의 프로젝트들을 수행하고 있다. 최근 작업으로는
울산 바닷가벽집, 자람터어린이집, 서전고등학교그늘집(꿈꾸는환경학교),
연대 앞 지하보도 창작놀이센터 등이 있으며, 2012년 영주시 공공건축가로
활동했고, 현재 서울시와 세종시 공공건축가로 활동하고 있다.

스키마 (skim-a.com)

김세진이 2014년 설립한 스키마(skimA)는 건축디자인으로 통합된
친환경과 구조 디자인 방법을 탐구해오고 있다. 현대적 기술과 미학적
형태를 통해 효율적이고 친환경적인 건축의 순수한 기능성을 회복하는 데
초점을 맞추고 있으며, 이를 통해 사람과 자연에 대한 배려를 모토로 일상
속 작은 울림을 전하는 건축을 만들고자 한다. 김세진은 경희대학교와
AA스쿨을 졸업하고, 포스터+파트너스(런던)에서 세계 여러 곳의 다양한
프로젝트와 현상설계를 맡았다.

이와임 (yiwayim.com)

1990uao 런던사무실을 모태로 2013년 이도은과 임현진이 설립한
건축설계사무소다. 실재하는 것에 대한 직접적인 미적 체험에 깊이 관심을
가지고 있으며, 관계의 탐구를 통한 새로운 일상의 구축이란 모토를
견지하며 건축, 인테리어, 리노베이션 등의 공간디자인을 수행하고 있다.
이도은은 한국예술종합학교와 런던메트로폴리탄대학교에서 공부하였고,
m.a.r.u.와 서아키텍스에서 실무를 익혔다. 임현진은 한양대학교와
서울건축학교에서 건축설계를 공부하였고, m.a.r.u.와 진아건축도시에서
실무를 익혔다.

오헤제 건축 (o-heje.com)

이해든, 최재필은 단국대학교 건축학과를 졸업하고 건축사사무소
사무소효자동에서 실무를 익힌 후 동경예술대학 미술연구과 건축전공
연구생 과정 수료 및 석사과정을 마쳤다. 2016년 동경예술대학 재학 중
오헤제 건축을 설립하여 2017년부터 서울에서 작업을 이어오고 있다.

건축사사무소 오드투에이 (odeto-a.com)

이희원과 정은주는 서울시립대학교에서 함께 건축을 공부했고, 삶을 담는 공간에 대한 생각과 건축적 언어를 통해 세상에 전하고 싶은 가치에 대한 고민을 공유해왔다. 이희원은 U.C.버클리 건축대학원을 졸업하였으며, 삶것에서 건축, 공공예술, 체험마케팅에 이르는 다양한 스케일의 작업을 맡았다. 정은주는 건축사사무소 m.a.r.u에서 건축의 본질, 재료에 대한 탐구, 건축요소들의 균형과 관계에 대한 폭 넓은 경험을 쌓았다. 2016년 삼청동 PKM+갤러리 리노베이션을 시작으로 한남동 페이스갤러리, 홍은동 에너지자립마을의 태양광구조물, 김포 아뜰리에&하우스 등의 작업을 이어오고 있다.

코어건축사사무소 (co-re.kr)

코어건축사사무소(CoRe architects)는 구축방식, 프로그램, 재료의 실험, 변화하는 사회 구조에 대응하는 유형 찾기에 관심을 가지고, 이를 통해 건축과 도시, 인테리어, 인프라시설 등 도시를 구성하는 다양한 분야의 프로젝트에 참여하고 있다. 서울시, 세종시 공공건축가로 활동 중이고, 2016 김수근프리뷰상, 신진건축사대상, 2018 서울시건축상, 건축문화대상 등을 수상했다. 대표작으로는 속초 상상가, 신설동 한옥 리모델링, 평화문화진지 등이 있으며, 서진특수학교, SH은평센터, 낙산성곽 하늘정원 전망대, 서울광장 겨울스케이트장 등의 현상설계에 당선되어 진행 중에 있다.

아에아건축 (aea-architecture.com)

윤성영과 김샛별은 배병길 도시건축연구소에서 실무를 경험하고, 프랑스 국립 파리-라빌레트 건축학교 석사학위를 받았다. 파리에서 실무를 경험하던 중, 첫 작업인 H1115-7을 계기로 2015년 귀국하여, 2016년 정식으로 아에아(AEA, Atelier Espace Architectes)를 열었다. 현재 상가주택 P1113-4, G1931-6, P1071-4, G1085-4, G1073-8, 다가구주택 D649-7과 단독주택 Y26-1 등 다양한 장소들의 작업을 진행하고 있다.

건축사사무소 몰드프로젝트 (moldproject.kr)

2005년 젊은 건축인이 만든 스튜디오다. 현재 정영섭, 홍영애가 공동 대표다. 보수적이며 경직된 기존 설계사무소의 운영 방식과 달리 프로젝트의 성격에 따라 유연하게 대처하는 시스템을 구축하기 위해 지속적으로 실험 중이다.

보편적인건축사사무소 (o-oa.com)

삶을 구성하고 있는 일상적인 공간과 환경에 주목하고 있다. 겸손한 태도로 공간을 바라보며 감각으로 만들어진 시각적 대상만이 아닌 사고의 산물로서 완성되는 보편적인 건축을 만들어가기를 희망한다. 건축을 기반으로 인테리어, CI, 환경디자인의 영역에서 새롭고 공감할 수 있는 디자인을 추구한다. 전상규는 간삼파트너스와 매스스터디스에서 실무 경험을 쌓았고, 현재 서울시 공공건축가로 활동하고 있다. 황은은 DBYM건축사사무소와 엄앤드이종합건축사사무소에서 실무 경험을 쌓았고, 현재 남서울대학교 건축학과 겸임교수다.

구보건축 (gubowork.com)

2015년 홍지학, 조윤희가 설립한 도시 연구 및 건축 설계 스튜디오이다. 기술과 자본이 과잉된 시대에 적절함과 합리에 기반한 작업을 추구하며, 생태, 연대, 느림, 인간이라는 키워드를 존중하며 일상의 가치를 추구한다. 조윤희는 서울대학교와 MIT 건축대학원을 졸업하고 이로재와 Howeler+Yoon Architecture(보스턴)에서 실무경험을 쌓았다. 2016년부터 서울시 공공건축가로 활동 중이다. 홍지학은 서울건축, 해안건축, CAU(Center for Advanced Urbanism, 보스턴)에서 연구와 실무경험을 쌓았다. MIT에서 Architectural Urbanism을 전공했으며, 서울대학교에서 건축역사이론으로 박사학위를 받았다. 현재 충남대학교 건축학과 조교수로 재직하며 GUBO Urban Research Lab을 운영하고 있다.

김효영건축

살아 있는 것

건축은 이런저런 이유로 자유롭지 못하다. 건축주의 목적,
땅의 여건, 각종 법규와 제약, 무엇보다 비용과 자본의
논리, 건축이 만들어지는 과정은 항상 이러한 조건들에
종속적이어서 각각의 상황에 적당히 대처하는 것만으로도
벅차다. 도시를 빼곡히 메운 건물들이 용적률 게임을 하며
그 틈 안에서 저마다의 해법을 찾아내 비집고 서 있는
모습이 우리 시대를 단적으로 드러내는 것도 같다. 그러나
우리는 건축이 비바람을 막고 문제를 해결하는 데서
그치지 않고 거기서 더 나아갈 때 더 큰 의미가 있다는
것을 안다.

지금 우리 사회는 사람과 건축의 관계에서 서로 큰
상처를 입은 것만 같다. 그래서 서로를 신뢰하지 못하고
간섭받기 싫어하며 어쩔 수 없이 맺어야만 하는 관계를
최소로 유지하고자 한다. 그러나 상처를 무릅쓰지 않고
서로에게 다가갈 방도는 없다. 건축이 사람에게 더 깊게
관여하고자 손을 내밀고 말을 걸어올 때 우리는 건축에
대해, 다른 무언가에 대해, 또는 우리 스스로에 대해 느끼고
생각할 수 있다.

건축이 사람에게 적극적으로 다가가는 존재가 되기
위해서는 감정이입이 필요하다. 이때 감정이입은 건축주나
경험자에 대한 것이 아니라, 그 건축물이 만들어지는
이유와 목적, 시대와 환경 등의 조건 사이에서 태어나

살아가야 할 존재로서의 건축에 대한 것이다. 나는
감정이입을 통해 건축을 '살아 있는 것'으로 대하며,
그 존재가 갖게 될 성격을 생각하고, 그것을 드러내
표현하려고 노력한다.

성격을 찾는 과정은 늘 조심스럽지만 직관적이다.
개인의 인격이 환경과 경험으로만 설명될 수 없듯 건축에
주어지는 성격은 그 배경과 상황을 바탕으로 하지만
다분히 자의적이고 충동적이다. 다름을 바탕으로 한 관계
맺음을 목적으로 하고 있어서 공통의 유형과 사례에서
도움을 얻긴 하지만, 건축의 일상성을 넘어서기 위해
강조되고, 대비되고, 과장되어 표현되기도 한다. 작업의
전환점이 되었던 울산 바닷가벽집에서부터 그 이후의
작업들이 어떤 성격을 드러내며 어딘가 의도된 불편함이
있는 것은 서로를 주목하기를 바라기 때문이다. 그 낯선
지점이 새로운 관계를 위해 다시 바라보아야 할 곳이다.
이 지나침이 낯섦을, 낯섦이 바라봄을 이끌어주기를
기대한다. 마치 첫 연애의 서툶처럼 어설프지만 진심 어린
요청의 손짓과 말이 지금의 간극을 뛰어넘어 관계를 열어
주는 출발이 되리라 믿는다.

글 김효영

인터뷰

앞선 실무 경험에서 얻은 것은?

김광수 소장님과 한동안 일했는데, 늘 건축가이면서
동시에 예술가 같은 느낌이 있었다. 일을 할 때는 감성적인
측면에서는 나와 다른 부분도 있었지만, 의미를 건드리는
방식이 내게 큰 자극이 되었다. 항상 의미를 형태에
담으려고 했고, 그 의미를 건축 어휘로 표현하려고 했다.
그 점이 프로젝트에 참여하는 입장에서도 재미있었고,
내게 큰 영향을 주었다. 다른 분들한테서도 많이 배웠지만,
특히 김광수 소장님 사무소가 독립하기 직전에 일했던
곳이기도 하고, 가장 오래 있었던 곳이라서 아무래도
그 영향이 크게 느껴진다.

사무소를 연 계기는?

단국대에서 강의하던 시기에 강태웅 교수님과의 인연이
중요한 계기였다. 그분이 운영해오던 사무실을 한 번
재정비하던 시기에 같이 일해보자는 제의를 받았다.
고민 끝에 좋은 기회일 수도 있겠다는 생각에 김광수
소장님 사무소를 나와서 합류하게 되었다. 언젠가는 독립을
하겠다는 생각이 막연하게 있었지만, 그런 구체적인 계기가
아니었으면 엄두를 내지 못했을 것 같다. 2011년부터 4년
정도 강태웅 교수님과 함께 사무소를 꾸렸는데, 사무소
운영상의 문제로 따로 독립해 나오게 되었다. 그래서 지금
김효영건축사사무소를 시작한 데에는 어떤 큰 결심이
있었던 게 아니라 상황이 그렇게 전개되었다. 돌이켜보면
첫 취업 때나 이직 때도 그랬고, 스스로 의욕적으로
움직였다기보다는 물 흐르듯 흘러가다 보니 여기까지 오게

된 것 같다.

울산 바닷가벽집 작업을 기점으로 작업 태도가 많이
달라졌다. 회사에 소속되어 움직일 때와 독립해서 움직일
때의 마음가짐이 달라지기도 했다. 회사 일은 의욕적으로
했음에도 불구하고 거기에 감정이 실리지는 않았던 것
같다. 지금은 작업에 조금 더 감정이입을 하려고 노력한다.
당분간은 이런 마음이 지속될 것 같다. 힘이 닿는 데까지는
의식적으로 더 깊이 몰입하고 싶다.

특기나 지향점이 있다면?

새로운 기술에는 전혀 관심이 없다. 다만 어떤 형식을
갖추기 위해 필요한 기술적 측면에는 늘 관심이 있다.
벽돌 개수까지 세서 치밀하게 치수를 맞추고 싶어 하는
성격이다. 그 욕심이 아직 현장에까지 그대로 이어지지는
못하고 있다. 유려한 디테일을 만들고 싶은 것은 아니다.
예를 들어, 창의 크기를 결정할 때도 재료가 서로 딱
맞아떨어지도록 치수를 맞추는 식이다. 그런 건축의
바탕을 제대로 갖추려고 한다.

바닷가벽집 모형 사진

구상하고 있는 조직 형태는?

사실 조직적인 체계는 부족한 편이다. 필요 없다고
생각하는 것은 아닌데, 어떻게 해야 할지 잘 모른다.
그래서 가능하면 작은 규모의 프로젝트를 하면서 조직도
작게 유지하고 싶다. 큰 프로젝트를 하려면 조직 면에서
갖춰야 할 것이 많아질 텐데, 체질상 그렇게까지는 못할
것 같다. 일이 없으면 좀 놀기도 하면서, 자유롭게 일하는
편이다. 팀을 꾸릴 때에도 엄격한 기준이 있기보다 같이
일하고 싶은 사람인지를 먼저 고려한다.

토론
초현실주의에 대한 관심: 낯섦의 건축

김효영 현대 예술의 속성을 가진 모든 장르는 초현실주의의
낯섦의 효과에 빚을 지고 있다고 생각한다. 요즘은
그 낯섦이 쉽게 일상적인 것이 돼버리곤 하는데, 특히
건축에서는 그걸 막을 방법이 없다. 물론 '충격 효과'만으로
건축 작업을 할 수는 없다. 하지만 마그리트의 낯섦의
방식은 좀 다르다고 생각해서 관심 있게 봤다. 그것은
기괴한 형태에서 오는 낯섦이 아니라 일상적인 것의 관계를
어떻게 만드느냐에 따라서 '관계의 낯섦'을 만들어낸다.
그래서 그것이 단번에 소비되고 끝나는 것이 아니라
지속되는 느낌을 받았다. 일상성을 전제로 만든 낯섦이다.
건축에서도 그런 효과를 만들 수 있으리라 봤고, 그 관심이
지금까지 이어지고 있다.

청중A 건물에 가보면 실제로 낯설게 느껴지나?

김효영 보는 사람에 따라 다른 것 같다. 사실 나는 계속
과장하고 싶다. 웬만해서 건축으로는 낯선 무언가를 만들고

지속시키기 어렵다. 건물은 금방 일상이 돼버리기 때문이다.
그래서 더 과장하려고 노력한다. 대비와 과장을 통해서
강조해야 건축가로서 실현하고자 한 의도가 겨우 드러난다.

형태 어휘: 성격을 부여하는 것

임진영 김효영 소장님의 작업은 자람터어린이집을 통해서 처음
접했다. 거기서 보이는 형태 어휘가 어린이집 때문으로
생각하고 가볍게 넘겼던 것 같다. 그런데 오늘 발표를
보면서 이런 어휘를 의식적으로 반복해서 쓴다는 것을
알았다. 이런 형태 어휘를 활용하는 이유가 궁금하다.

김효영 형태를 통해 어떤 성격을 드러내고 싶은데, 막상 손에
잡히는 어휘랄 게 너무 없더라. 자람터어린이집을 보고
포스트모던이라고 이야기하는 사람도 많다. 원형 창,
삼각형 창 같은 것을 하나만 써도 그렇게 인식돼버릴
정도로 지금 우리가 가진 건축 어휘라는 것이 정말
보잘것없다. 그렇다 보니 어떤 성격을 부여하고 싶을 때
반복적인 형태를 사용하지만, 사실 사각형 창과 구별되는
어떤 것일 뿐이다. 그런 어휘를 더 많이 만들고 싶고,
익숙해지는 어휘들도 생기면 좋겠다.

청중B 교류하는 건축가 집단 안에서 주고받는 언어도 있는 것
같다. 소장님이 개인적으로 친하게 지내는 aoa 아키텍츠의
건축 언어들도 공유되는 느낌이 든다. 서로 친한
건축가들이 서로의 언어를 공유하며 작업하다가, 나중에
각자의 방향으로 심화 발전되기도 한다. 어떻게 보면 지금껏
한국 건축에서 볼 수 없었던 새로운 언어들이 건축가들의
교류 속에서 생성되고 있는 것 같다.

김효영 매우 중요한 부분이다. aoa의 서재원 소장님과 친한

자람터어린이집 드로잉

사이여서 건축 이야기를 많이 나눈다. 작업 중에 서로
의견을 주고받기도 한다. 최종 관심사는 서로 조금 다르다.
하지만 그 방법론을 공유하고, 영향을 주고받고, 지식과
정보를 배우기도 한다. 개인적으로는 aoa의 팬이기도 해서
유사한 측면이 분명히 있다. 그래서 더 구분 지으려고 할
만큼 내게 큰 영향을 주는 사람이다.

청중B 서로 친하면서도 긴장하게 만드는 관계가 아닌가 싶다.
그렇게 더 발전해가면 좋겠다. 대화 상대 없이 혼자 싸우는
게 아니라 서로 피드백할 상대가 있다는 자체가 즐거운
일 같다.

김효영 맞다. 낯선 길을 용기 내서 가고 있는 것이라서
한편으로는 무섭기도 하다. 그런데 같은 방향을 지향하는
동료가 있다는 것은 든든하고, 그런 사람들이 늘어나서 더
많은 이야기를 나눌 수 있으면 좋겠다.

존 헤이덕: 잠재적 레퍼런스

배윤경 발표 내용 중에 다른 건축가의 작업들도 레퍼런스로
보여줬고, 그 영향이 실제 작업에서도 느껴졌다. 내가 아는

바당가벽집놀개념 드로잉

한 소장님 작업의 레퍼런스에서 **빼놓을** 수 없는 것이
존 헤이덕인 것 같은데, 오늘 발표에서는 언급하지 않았다.
이유가 있나?

김효영 헤이덕에 대한 지식이 너무 **짧아서** 언급하기 **부끄러웠다.**
헤이덕은 오늘 보여드린 여섯 개 작업 모두의 레퍼런스일
것 같다. 내 학창시절에는 해체주의가 끝물이었다.
한국에서는 여전히 철학책을 끼고 다니면서 읽히지도
않는 텍스트를 어떻게든 읽어보려고 했고, 그것이 멋있어
보이는 시절이었다. 지금은 그게 별로 유효하지 않다는
것이 증명되었는데 그걸 다시 꺼내 들기는 무리가 있다.
하지만 나름의 해석을 통해 받아들여도 좋다고 본다.
역사적, 철학적으로 철저한 분석을 통해 소화하면야 더
좋겠지만, 그렇게까지 하지 않아도 각 건축 작업에서 어렵지
않게 읽어낼 수 있는 것이 있다. 그렇게라도 접하는 것은

필요하다고 본다. 나 역시 헤이덕의 작업 목표를 명료하게
알지는 못하지만 내가 추구하는 작업 방향과 일치하는
면이 분명히 있다.

주류 미학: 거스르고 싶은 것

청중C 나도 김효영 소장님 작업을 좋아하는 일인이다. 작업을
소개할 때는 매우 감상적으로 이야기하는데 실제로
작업을 보면 '너무 서정적으로 바라보지마'라고 말하는
것이 느껴진다. 예를 들면, 사람들은 한옥의 처마 선을
조용히 감상하며 좋아할 텐데, 갑자기 옆에 다른 오브제가
확 들어와서 '좋아하지 말라니까'라고 하는 것 같다.
감상에 빠질 때쯤 갑자기 흔들어 깨우는 것 같은 느낌이다.
그 방법론이 매우 이질적인 요소를 붙이는 것이고, 그렇게
낯섦을 만드는 것 같다(p.130 점촌 기와올린집 참고).

　　　한국에서 주류 건축, 주류 미학이 있는 것 같다.
그것은 조용히 감상에 빠져들 수 있게 해주는 어떤
것이고, 직관적으로 쉽게 받아들일 수 있는 것이다. 주류
미학이 한국의 건축 씬을 계속 장악하고 있으면 건축이
빈곤해지기 때문에 소장님의 길을 응원하고 싶다. 감상에
빠지지 못하게 계속 메시지를 던지는 것이 지금 시대의
흐름이나 코드와도 일면 맞닿는 것 같고, 새로운 주류가
될 수도 있을 것 같다.

김효영 솔직히 말하면, 거기에는 개인적인 욕망이 있다. 뭔가를
흔들고 싶은, 잔잔한 곳에 파장을 일으키고 싶은, 정돈된
장면을 흩트려 놓고 싶은 욕망이다. 눈에 예뻐 보이고
서정적인 설계안을 결정한 적은 단 한 번도 없다. 눈에
거슬리지 않는 것, 그냥 미끈하게 흘러가는 것을 경계한다.

의식적으로 다른 것을 만들고 싶어서 일 수도 있지만, 그냥 쉽게 소비되어 버리는 것에 대한 불안감도 있다.

청중D 형식의 충돌을 싫어하는 사람은 건축가다. 대중들은 싫어하지 않는다. 어린이집의 창이 이렇게 저렇게 열리는 것을 좋아하고, 저런 입면을 보면서 마그리트의 그림을 연결 짓지 않는다. 버섯이 하늘에서 떨어지는 것 같고 뭔가 연상이 돼서 흥미로운데, 공간의 쓰임에도 크게 문제가 없으니 싫어할 이유가 없다.

한국 건축가들이 공유하고 있는 언어나 취향이 너무나 한정적이다. 오히려 우리 앞선 세대 건축가들의 취향이 풍부했다. 지금 우리는 쪼그라들었다. 그런 면에서 김효영 소장에게 응원을 보낸다.

앞세대와의 구분: 우회적으로

박정현 레퍼런스를 많이 보여주는 건축가로 한국에 처음 등장한 사람이 승효상, 민현식이다. 그들의 이미지도 다종다양했다. 승효상 선생은 요제프 올브리히와 아돌프 로스가 하나의 글에서 같이 등장할 수 있다. 그들은 서로 주적 관계다. 그럼에도 불구하고 상극을 봉합하는 방법이 승효상 선생에게는 윤리적 테제였다. 그것이 바로 '빈자의 미학'과 '보이드'였다. 그 윤리적 입장 안에서 나머지 차이는 부수적인 것, 도시는 부정되어야 하는 것이었다. 2000년대에 들어 조민석과 최문규가 등장해 한국의 대도시 서울을 인정하는 태도를 보였지만, 여전히 주류 건축 담론 내부에 머물렀다.

그런데 서재원, 김효영 소장님의 작업과 이야기를 듣고 나서 이제 처음으로 한국의 버내큘러를 그대로 건축에 갖고 들어오는 건축가가 등장했다는 생각이 들었다. 레퍼런스 이미지 중에는 건축가의 작업 말고 도시 풍경을 그대로 가져온 것들이 있었다. 그런 면에서 질문하자면, 본인의 작업이 한국 건축의 세대론 속에서 작동하는 지점이 있다고 생각하는지, 본인이 이전 세대와 다른 건축가라는 자의식을 평소에 갖고 있는지 궁금하다.

김효영 잠재적으로 갖고 있는 것 같다. 이전 세대와 굳이 구분 지어 '나는 다르다'고 명시적으로 생각하지는 않지만, 방법론에 잠재되어 있는 것 같다. 하지만 정면승부는 아닌 것 같고, 우회적으로, 게릴라식으로 하고 있다.

한국의 버내큘러는 인식하고 있지 않다. 어떤 프로젝트에서 내 이야기에 도움이 된다면 기꺼이 갖고 들어올 수 있는 정도의 태도인 것 같다. 그것을 어떤 주제로 꺼내기는 민망하다. '과거가 있기 때문에 우리가 존재하는 것이기도 하지만, 우리가 역사를 평가하지 않으면 그것도 의미가 없다'는 말에 공감한다. 과거를 규범화하거나 가치 없는 것으로 여길 것은 아니라고 본다. 지금 여기에서 그것을 어떤 가치로 인식하고 사용하는지가 더 중요하다고 생각한다.

스키마

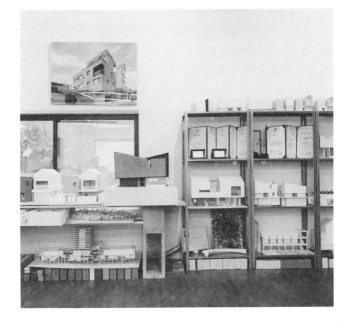

경희대학교와 AA스쿨을 졸업하고, 8년간 포스터+파트너스
(런던)에서 어소시에이트로 근무하며 세계 여러 곳의
다양한 프로젝트와 현상설계를 맡았다. 2014년 서울로
돌아와 스키마(skimA)*를 열었다. 사무소 개소와 함께
고려대학교 건축학과에서 구조디자인과 건축설계를
가르치기 시작했다. 구조디자인 수업을 통해서 학생들과
함께 다양한 구조 시스템과 재료의 새로운 가능성을
연구하게 되었다.

　　사무소 개소 후 첫 프로젝트는 TNF(노스페이스)
소비자 경험공간을 기획하는 일이었다. 이후
제제게스트하우스를 시작으로, 로프트9 다세대주택,
DP9131 주택, SO-AM 근생주택 등의 작업을 이어왔다.
구조와 기술에 관심이 많아 파사드 엔지니어링 회사 VS-A
코리아와 함께 제10회 한국농촌건축대전 국제공모전에
출품하기도 했다. (2등을 수상했다.) 그밖에 이호철문학관
지명공모와 마곡119안전센터 등의 공모전에도 참여했는데
모두 2등을 했다. 2016년부터는 서울시 공공건축가로
활동하며 찾아가는 동주민센터, 꿈을 담은 교실 등
공공프로젝트에 참여하고 있다.

　　나는 건축으로 통합된 환경 및 구조 디자인 방법,

---

*　'skima'는 형태 또는 계획을 의미하는 그리스어 'schema'의 독음이며 '외부 환경에
　　적응하도록 환경을 조작하는 지식과 기술'이라는 의미를 담았다.

작위적이지 않은 공간과 형태의 조직화를 추구한다. 현대
기술과 미학적 형태를 통해 외부 환경과 관계 맺는 쾌적하고
효율적인 구조를 만들고, 건축의 순수한 기능을 회복하는
데 초점을 맞추고 있다. 건축 구조가 만들어내는 최적화된
공간과 분절이라는 방식이 만들어내는 형태에 관심이
있으며, 공간이 어떻게 설명되는지보다 어떻게 작동하는지에
중점을 두고 작업한다. 사람과 자연에 대한 배려를 모토로
일상 속에 작은 울림을 전하는 건축을 만들고 싶다.

글 김세진

<u>인터뷰</u>

사무소를 연 계기는?

유학을 떠나기 전 한국에서 짧게 2년 정도 실무를 했다.
실무적인 도움은 되었지만, 건축에 대한 생각을 만들어간
실무 경험 대부분은 포스터+파트너스에서 배운 것이다.

사무소는 주어진 상황에서 할 수 있는 것을 해보자는
생각 정도로 시작했다. 이전에 체득된 스케일에 대한
감각이 작은 프로젝트를 할 때도 발휘되어서 다른 사람의
작업과 다른 결과를 만들어냈으면 좋겠다는 바람이었다
개소하고 1년 동안은 일이 없었다. 제제게스트하우스
일이 들어오면서 직원을 한 명 채용하게 되었다. 그렇게
일단 시작했다.

구상하고 있는 조직은?

창의적인 일에 집중하는 사무실을 만들고 싶다. 시작
때부터 갖고 있던 생각인데, 일을 하면서 팀원들이
창의적인 작업에 매진할 수 있는 환경을 만들어야겠다는
생각이 더 강해졌다. 그러기 위해서는 조직 내부에 건축
설계 인력을 늘리는 것보다 핵심이 되는 팀을 단단하게
갖추고 다른 재능이나 기술을 가진 외부 팀과 협업하는
방식이 좋을 것 같다. 외부 협업을 정규화해나가는 방식도
찾아보고 싶다. 그런 방식으로 소모적인 일을 줄이고
창의적인 일에 집중할 수 있으면 좋겠다.

큰 사무소에서의 경험을 돌아보면, 몇백 미터짜리
타워 프로젝트도 실제 코어 팀은 5-6명 정도다. 나중에
프로덕션에 들어가면 사람이 더 붙지만, 초반 3-4개월은
보통 팀원 대여섯 명에 헤드 한 명이 주축이다. 그 정도가

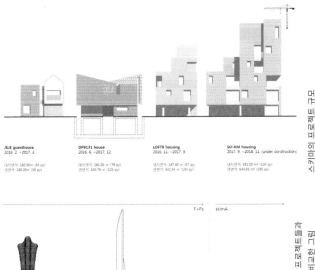

스키마의 프로젝트 규모

JEJE guesthouse
2016. 2. ~2017. 3.
대지면적 180.80㎡ (54 py)
연면적 186.09㎡ (56 py)

DP9131 house
2016. 6. ~2017. 12.
대지면적 261.00 ㎡ (79 py)
연면적 345.76 ㎡ (105 py)

LOFT9 housing
2016. 11. ~2017. 9.
대지면적 187.80 ㎡ (57 py)
연면적 342.34 ㎡ (104 py)

SO-AM housing
2017. 9. ~2018. 11. (under construction)
대지면적 331.00 ㎡ (100 py)
연면적 644.93 ㎡ (195 py)

F+Ps   skimA

포스터+파트너스에서 담당했던 프로젝트들과
스키마의 프로젝트들의 규모를 비교한 그림

최적의 조직이라 생각한다. 또 한편으로는 내가 직접
소통하면서 일을 진행할 수 있는 규모가 딱 그 정도이기도
하다. 일단은 나를 포함해서 네 명이 코어 팀을 구성하는
것을 목표로 하고 있다.

  프로젝트 수가 생각 이상으로 늘어나면 그걸 어떻게
소화할지에 대해서는 고민해봐야 할 것 같다. 물론 규모를
늘리는 것도 필요는 하겠지만, 나와 직접 이야기를 나누며

함께 발을 맞추어 나갈 수 있는 조직이 가장 이상적이라고
생각한다.

특기나 지향점이 있다면?

구조디자인은 아직 실제 작업에서 직접 드러나지 않지만
내가 굉장히 중요하게 여기는 부분이다. 대학에서 하고
있는 구조디자인 수업은 4학년 대상의 전공 필수 과목이고,
이론 과목이지만 전공과목 비중이 30%나 되는 특수한
수업이다. 처음에는 구조 이야기를 학생들이 낯설어했다.
나도 옛날에 그랬던 것 같은데, '구조' 하면 바로 계산으로
생각이 이어지는 것 같았다. 그래서 다른 이야기를
들려주고 싶다는 생각에 이 수업을 준비했다. 일주일에
한 번, 세 시간 동안 수업하는데 한 시간 이론 강의,
두 시간 학생 발표로 진행한다.

　　초반에는 구조 재료에 관한 내용을 다룬다. 콘크리트,
나무, 철골, 석조 등 보편적인 재료들이 특수하게 쓰인
사례를 찾아서 발표하고, 구조 측면에서 혁신을 이룬
건축가를 리서치한다. 여러 사례를 보다 보면 어떻게
구조가 디자인을 바꿀 수 있는지 자연스럽게 이해할
수 있다. 그렇게 사례 조사한 후에는 개인 프로젝트를
진행한다. 나는 학생들의 작업 과정을 보면서 각
프로젝트에 맞는 구조 개념들을 알려주고, 그것이 어떻게
디자인으로 연결되는지 가르친다. 결과물로는 꼭 모형을
만들게 한다. 해마다 50가지 정도의 다른 구조 방식을 볼
기회이기 때문에 내게도 큰 도움이 된다.

토론

구조디자인에 대한 노력: 연구와 공모전

심미선 구조에 대한 관심이 포스터+파트너스에서의 경험과
    연결되는 것 같다. 그것이 귀국 후 한국에서 작업할 때는
    오히려 고민이 된 것 같기도 하다. 구조디자인을 앞으로
    작업에서 어떻게 자신의 강점으로 삼을 생각인가?

김세진 포스터 사무소에서 일하기 전에는 구조디자인이나
    환경디자인에 별 관심이 없었다. 건축 디자이너의 영역이
    아니라고도 생각했다. 그런데 포스터 사무소에서 구조와
    환경의 영역이 어떻게 디자인으로 승화되지를 보면서
    앞으로 중요한 영역이 될 거라고 생각했다.

    일반적인 건물은 철근콘크리트구조와 철골구조로 모두
해결된다. 특별한 장 스팬이나 초고층 타워, 혹은 프리-폼
공간을 만들 때 혁신적인 구조디자인이 나올 수 있다.
구조적인 시도는 여러 조건이 맞아떨어져야 기회가 생긴다.
오늘 발표한 작업들의 규모에서는 구조디자인을 주제로
삼기는 어려울 것 같다. 하지만 분명히 지향하는 바는
그 방향이다. 그래서 규모가 있는 프로젝트를 하고 싶은
욕심이 있다. 그런 프로젝트를 만나기를 기다리고 있고,
큰 공모전을 통해서 그런 욕구를 해소하고 있다.

임진영 구조를 기능으로만 보지 않고 미학적 요소로 승화하는
    시도는 규모의 문제와 무관하다고 본다. 조민석 씨의
    앤드밀러미스터 건물 같은 경우는 규모가 크지 않지만
    삼차원 셸구조로 독특한 내부 공간을 만들어냈다. 그런
    사례처럼 작은 규모에서도 얼마든지 구조 미학을 발휘할
    수 있지 않을까 싶다. 구조에 대한 이해와 아이디어, 해석이
    필요한 일인데, 그런 연구를 따로 하나?

김세진 물론 규모만의 문제는 아니다. 프라이 오토 같은
　　건축가도 대규모 프로젝트만 하지 않았다. 건물의 프로그램
　　등 다른 조건들도 충족되어야 한다.
　　내겐 일단 지난 8년간 일하면서 쌓인 경험치가 있고,
　　구조디자인 수업을 준비하면서 틈틈이 연구하고 있다.
　　어떤 구조 형식이 어떤 경우에 적용 가능하다는 사례를
　　알고 있어야 빠르게 대응하고 접목할 수 있다. 그런 부분을
　　꾸준히 공부하고 정보를 업데이트하고 있다. 그런 면에서
　　학교에서 구조디자인 수업을 맡게 된 것이 감사하기도 하다.
김상호 구조디자인을 통해 이루고자 하는 바가 있는가?
　　특별히 관심 있는 구조 모델이 있나? 아니면 통상적인
　　구조에서 벗어나고 싶은 열망인가?
김세진 칼라트라바 유의 구조디자인을 추구하는 것은 아니다.
　　발레리오 올지아티의 작업처럼 벽 하나로 지지되는
　　주택처럼 작은 규모에서의 구조적 도전에도 관심이 있고,
　　알바로 시자의 포르투갈 파빌리온처럼 기능하는 구조가
　　동시에 보여주는 어마어마한 공간감에 대한 동경도 있다.

공간론에서 탈피한 듯: 작동하는 공간
임진영 발표를 들으면서 공간에 관한 이야기는 하지 않는다는
　　생각이 들었다. 건축으로 실현하고자 하는 초점이 더 이상
　　공간에 머물러 있지 않다는 뜻이다. 더 이상 공간을 논하지
　　않는 일군의 건축가들의 등장이 내심 반갑기도 하다.
　　공간을 제쳐둔다면 건축을 어떤 식으로 설명할 수 있을까?
김세진 질문이 잘 와닿지 않는데, 나는 공간이 작동하는 방식에
　　더 관심이 있다.
김상호 분절이라는 방법을 통해서 표현하고자 하는 바도 공간의

구조디자인에 중요한 영향을 준 책

'작동 방식'과 연관이 있나?

김세진 그렇다. 공간이 제대로 기능하기 위해서는 적정한
바닥 깊이가 필요하고, 그것은 곧 스케일의 문제다.
커다란 단일 매스가 분절되어야 공간이 작동할 여지를
만들 수 있다. 그래서 분절은 때로는 미묘한 '절삭'일 수도
있고, 수직적인 '분리'가 될 수도 있다. 그런 접근은 자연
환기와 자연 채광이 이루어질 수 있는 공간의 스케일이
얼마냐의 문제로까지 이어진다. 건물 외관에 드러나는
'결'도 기능적이지는 않지만, 분절이라는 기법을 통해
건물의 전체적인 풍부함을 달성한다고 본다(p.140 DP-9131
주택 참고). 그런데 앞서 말한 '공간'이 무엇인지가
잘 와닿지 않는다.

임진영 이전 세대 건축가들 이야기를 예로 들어 다시
질문하자면, '공간의 시퀀스', '공간의 비움', '시적 공간' 같은
이야기를 많이 했던 것을 떠올려 보면 김 소장님은 그런
종류의 이야기를 전혀 하지 않는 것 같다.

김세진 그것은 내가 따로 설명할 필요가 없다고 생각한다.
공간은 직관적으로 느껴서 아는 것이고, 그 감각은 나도

충분히 갖고 있다고 생각한다. 공간을 이론적, 철학적으로
설명하는 것은 내겐 어색하다. 그것은 건축가의 의도대로
만들어지면 자연스럽게 전달되는 거라고 생각한다.
건축가로서는 당연히 체득해야 하는 기술일 뿐이다.

그런 '공간'에 관심이 없다기보다 거기에 작업의
초점을 맞추고 있지 않을 뿐이다. 작업의 방향성이 다른
것 같다. '기능하는' 공간에 더 관심이 있다. 공간을 어떤
비율로 분절하고 어떻게 교차시킬 때 내부 공간이 어떻게
작동하는지, 외부에서 그것이 어떤 형태로 드러나는지에
초점이 가 있다. 형태나 감성의 측면은 직관적인 선택과
판단의 문제다.

책을 쓰려는 이유: 구조디자인에 대한 갈증

김상호 책을 쓰고 있다고 했는데, 어떤 책인가?

김세진 책을 낸다는 것이 건물을 짓는 것과 동등한 느낌이
든다. 꼭 건축 책일 필요는 없다. 내 생각을 정리해서 책을
내고 싶은 것도 있었는데, 몇 년째 강의해온 구조디자인
이야기를 책으로 내는 것도 좋겠다는 생각이 들었다.
구조를 디자인 관점에서 강의하는 학교가 고려대와 한예종
정도밖에 없다. 대부분은 아직 구조 역학만 가르친다.
내가 많이 아는 것은 아니지만 수업했던 내용과 구조에
대한 내 생각을 엮어서 에세이 형식의 책을 생각하게
되었다. 한국에서 아직 구조 디자인을 실제 프로젝트에서
적용하기에는 여러 한계와 어려움이 있다 보니 책으로라도
전달하고 싶은 생각이 들었다.

이와임

2012년. 아름지기에서 주최하는 헤리티지 투모로우 프로젝트
　　　공모전에 참여했다. 이도은과 임현진이 함께한 첫 번째
　　　작업이었고, 우리는 '겹과 관계'에 대한 이야기를 제안했다.
2013년. 서촌의 작은 옥탑에서 '이와임'이라는 이름의
　　　사무실을 시작했다. 세종시 소방서 설계 공모와 영주시
　　　노인종합복지관 설계 공모에 참여했다. 겹과 관계라는
　　　주제가 변주되며 이어졌고, 재료에 대한 고민이 덧붙었다.
　　　겨울, '저집'이라는 젓가락 브랜드를 위한 전시 부스
　　　디자인을 진행했다. 부유하며 변하는 이미지 위에
　　　젓가락을 올려놓고 가상과 실상의 관계를 통해 젓가락의
　　　가치를 드러내려 했다.
2014년. 건축가 이상래와 함께 동대문신발상가 옥탑방을 지역
　　　재생의 거점 공간으로 바꾸는 작업을 진행했다. 이 도시가
　　　가지고 있는 것을 몸으로 부대끼며 들여다보게 되었다.
　　　동대문신발상가 작업을 계기로 〈최소의 집〉 전시에
　　　참여했고, 최소에 대한 정의를 우리는 이렇게 말했다.
　　　'지금 우리가 가지고 있는 것들 / 그것들의 가치를 드러내
　　　주는 작은 움직임'.
2015년. 사간동의 다가구주택 한쪽을 갤러리로 바꾸는 작업을
　　　진행했고, 도일시장 정비사업과 나주잠사공장 리모델링
　　　설계 공모에 참여했다. 관계에 대한 이야기는 방과 방,
　　　건물과 건물, 안과 밖에서 이어졌다.
2016, 2017년. 비슷한 규모의 리모델링 작업이 이어졌다. 고쳐

쓰는 집이라 이름 붙인 일련의 작업을 진행하며 우리는 '관계', '가능성', '작은 건축'이라는 키워드에 집중했다. 2018년 다수의 공공 프로젝트에 참여하게 되었다. 다층화된 관계 속에서 작업이 진행되었고, 설득과 타협의 과정이 이어졌다. 건축의 윤리, 건축가의 태도에 대해 생각했다.

글 임현진, 이도은

인터뷰

앞선 실무 경험에서 얻은 것은?

임현진 이종호 선생님은 대학교 때 튜터로 처음 만났다. 내가 이종호 선생님 이야기를 할 때 종종 쓰는 표현이 '사숙저인'이다. 직접 가르침을 받지는 않았으나 마음속으로 존경하고 스스로 따른다는 뜻이다. 많이 배우고 싶었는데 아쉽게도 길게 뵙지 못했다. 그 이후로 지면을 통해서나 공모전을 통해 선생님의 발자취를 계속 쫓아다녔다. 그러다 서울건축학교에서 다시 배울 기회가 생겼다. 배운 것은 디테일한 것보다는 큰 틀의 생각인데, 지금까지도 울림이 깊은 것은 '가능성'에 대한 이야기였다. "우리의 출발은 무엇인가의 결핍으로부터 치유를 향해 나아가려는 것은 아니다. 오히려 필요한 것은 있는 그대로의 모습으로부터 서로를 살릴 수 있는 사고의 시작이 가능할까를 조심스럽게 살피는 일일 것이다." (서울건축학교 97/98 1쿼터 서혜림 이종호 스튜디오 설명 중) 이 메시지가 지금까지도 나와 우리 사무실의 밑바탕을 이루고 있다.

이도은 나는 대학 시절에 김종규 선생님한테 배우고, 졸업한 뒤 선생님 사무실에서 1년 남짓 일했다. 5년 정도 김종규 선생님 밑에 있었던 셈이다. 그분의 가장 큰 강점은 원칙에 있는 것 같다. 맞다는 생각이 들면 끝까지 고수한다. 그만큼 확신이 있기 때문에 주변에서 무슨 말을 해도 흔들림이 없다. 어떤 설계안이 나온 이유가 정확하게 있기 때문에 주변의 말에 흔들림이 없고 그것을 이리저리 바꿀 필요가 없지 않나 싶다. 건축가로서 여러 가지 의견을 귀 기울여 듣는 것은 중요하나, 그것이 단순한 타협이 되어서는 안 되고 확신을 가지고 설득해야 함을 프로젝트를 한두 개 진행하면서 느끼고 돌아보게 된다. 건축주 의견 때문에, 법적 규제 때문에, 예산 때문에 바꾸었던 것들을 돌이켜 생각해보면 결국 아쉬움으로 남더라.

임현진 원칙이라는 건 고집이 아니라 하나의 기준이다. 다른 일도 마찬가지겠지만, 설계를 하다 보면 결정을 해야 하는 상황에 매 순간 직면한다. 원칙은 그때마다 판단할 수 있는 기준을 세우는 것이고, 그 기준을 끝까지 고수하는 것이다. 그래서 우리도 작업 초기에 그 기준을 세우고자 한다.

사무소를 연 계기는?

임현진 홈페이지 소개 글이 "1990uao 런던사무실을 모태로" 한다는 내용으로 시작하는데, 사무소의 시작은 이와 연관이 있다. 1990uao라는 설계사무소는 원래 서울에서 윤근주, 황정환 두 건축가가 시작한 사무소다. 이분들과 친분이 있었는데, 우리가 런던에 있을 때 사무소를 열면서 같이 해보자고 우리에게 제안해주었다. 물리적으로 멀리 떨어져 있는 데다가 우리 계획도 있다 보니 그 당시 당장 일을 같이하지는 못하더라도 기회가 되면 프로젝트를 같이 해보자는 취지에서 '런던사무실'이라는 이름을 붙여서 시작했다. 헤리티지 투모로우 프로젝트도 같이 참가했는데, 두 팀을 나누어서 진행했다.

그렇게 교류해 오다가 우리가 서울에 돌아올 때 합칠 계획을 세웠다. 그런데 우리가 귀국을 앞두고 있을 때 서울 사무실 상황이 달라져서 합치기 어렵게 되었다. 우리는 런던 생활을 정리하고 한국에 들어왔고, 이왕 마음먹은 거니까 같이 못 하면 우리끼리라도 하자는 생각에 이와임을 시작하게 되었다.

토론

건축을 설명하는 언어의 거리감: 정교하게 다듬어야 할 숙제

정다영 개인적으로 건물 자체보다는 건물을 설명하는 말과
　　이미지에 더 관심이 있다. 발표를 들으며 그사이의 간극이
　　느껴졌다. 이와임은 내가 최근에 만난 젊은 건축가 중에서
　　보기 드물게 마당, 골목, 외부공간, 내부공간, 침투와 같은
　　앞세대가 많이 쓰던 어휘를 자주 사용했다. 옳고 그르다의
　　문제는 아니고, 오히려 그런 설명이 새롭게 다가온다.
　　학업과 실무 배경에 m.a.r.u.와 서울건축학교가 있어서인
　　것 같기도 하다. 지난해 국립현대미술관에서 열린 〈종이와
　　콘크리트〉 전시를 준비하면서 서울건축학교 자료를 많이
　　봤는데, 오늘 발표에 나온 을지로를 설명하는 내용이나
　　워크숍 장면, 인용 문구까지 그 느낌이 비슷하다는 인상을

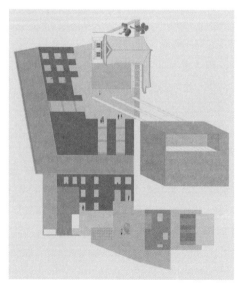

인사동 복합문화시설 계획안 드로잉, 2012

받았다. 이와임으로 독립해 작업하면서 앞선 세대와
차이를 만들고 싶은 부분도 있을 텐데, 어떤 식으로
풀어나가는지 궁금하다.

박정현 붙여서 질문하면, 발표 중에 '작은 건축은 작은
행위이고 작은 것'이라고 한 이와임의 말은 시대의 언어인
것 같다. 트위터나 인스타그램에 오르내리는 '소확행' 같은
것이다. 이런 말들은 이번 발표를 위해서 지난 작업을
돌아보고 정한 것인지, 그게 아니라 이와임이 처음부터
추구한 것이라면 요즘 유행하는 말로 '자신을 위로하는'
언어로 들리기도 한다. 사용한 어휘와 언어에 관해
설명해주길 바란다.

임현진 설명한 키워드가 한순간에 만들어진 건 아니다.
거슬러 올라가면 학교에서 공부하던 때부터였다.
그게 선생님들에게 들어서 생긴 것인지는 잘 모르겠지만,
그때부터 지금까지 계속 고민해온 것이다. 그래서 우리
말 속에 앞세대의 단어가 언뜻 비치는 것 같기도 하다.
하지만 그때 했던 답과 지금 하는 답은 다를 수밖에 없다.
질문이 놓인 상황이 바뀌기 때문이다. 우리는 '지금 이
시대, 이 땅의 건축'을 고민하고 있다. 쓰는 단어는 같을지
몰라도 그 안에 담긴 생각과 결과는 다르다고 믿는다.
발표를 준비하면서 지난 작업을 쭉 살폈는데, 우리가 쓰는
말의 뉘앙스도 시간에 따라 바뀐다는 걸 알았다. '일상',
'관계', '작은 건축'에 대한 우리 둘의 생각도 다르다.

이도은 나는 논리적인 사고를 잘 못하는 편이다. 단어로 말하는
걸 썩 좋아하지도 않는다. 말을 하기 위해 키워드를
정리했지만, 건축을 하는 우리가 계속 고민해야 하는
이야기라고 생각한다. 이 키워드들은 근본적인 것이므로

시대가 달라졌다고 바뀔 건 아닌 것 같다. 단순히 '관계',
'일상' 같은 단어로 설명 안 되는 것이 현실에 너무 많다.
나는 건축하는 사람으로서 진정성 있는 태도를 가져야
한다고 생각한다. 트렌드를 좇거나 드러내는 일에는 재주도
관심도 별로 없다.

청중A 작업들을 통과하는 맥락이 있다면 어떤 것일까?
'관계'라는 추상적인 단어가 아니라 실질적인 단어로
설명해줄 수 있나?

임현진 홈페이지에 써놓은 글귀인데, '관계 탐구를 통해서
가능성을 찾으려고 한다'. 이 키워드가 우리만의 특별한
것은 아니다. 많은 사람이 '관계', '일상', '작은 건축', '최소의
개입'을 이야기한다. 하지만 어떻게 해석하느냐에 따라서
결은 다르다.

김상호(후속 인터뷰 중) 지난 발표 자리 후에 패널 모임에서,
이와임이 본인들의 작업을 설명하는 언어나 표현이 조금 더
정교해졌으면 좋겠다는 의견이 있었다. 관계나 일상 같은
포괄적인 단어로 이와임의 작업을 설명했을 때 잘 와닿지
않았다. 정작 설명을 들어보면 일상적인 의미 이상의
특별한 지향점을 담고 있는 것 같은데 정확하게 표현되지
않는 것 같다.

임현진 그렇다. 단어 자체는 건축가들이 보편적으로 공유하는
것이지만, 그것을 어떻게 해석하고 작업 안으로 가지고
오는가에 따라 결과물에서 차이가 나타난다. 발표 때는
우리가 그 단어들을 해석하는 과정을 보여주려고 했다.
많은 건축가가 사용하는 '관계'라는 키워드로 시작은
했지만, 결론에서는 차이점이 드러나지 않았을까. 그런데

서울 돈암동 어파인 리모델링 전과 후 (사진 노경)

그것을 새로운 단어로 정의하는 것이 지금 단계에서는
좀 어려운 것 같다.

김상호 물론 그건 비평가나 이론가의 숙제이기도 하다.
'우리가 이해하는 바로는 이와임이 말하는 관계는
이러저러한 관계다'라는 걸 찾아내는 것이 이론과 비평의
역할인 것 같다.

임현진 그게 우리한테도 다시 도움이 될 것 같다. 우리에게도
생각을 더 정교하게 다듬어나가야 할 숙제는 분명 있다.
이런 질문을 받으니 우리도 부지불식간에 습관적으로
사용해오던 말들을 다시 짚어볼 필요를 느낀다.

김상호 그런 생각의 계기를 만든 것만으로도 모두에게
큰 수확이다.

두 사람의 역할분담: 과도기

김상호 파트너로 일하는 두 분은 어떻게 역할분담을 하고 있나?
작업에 접근하는 태도나 관점에 차이가 있나?

이도은 사실 여태까지 역할 분담의 경계가 모호했던 것 같다.
한꺼번에 진행되는 프로젝트가 많지 않다 보니 항상 둘이
붙어서 많은 걸 이야기하면서 풀었던 것 같다. 그러다
직원이 생기고, 프로젝트도 동시에 여러 개 진행하다 보니
이것저것 부딪히는 일이 생기고 다투게 되더라.

임현진 프로젝트 초반에 계획 방향을 함께 잡으면서 많이
다툰다. (웃음) 바탕이 되는 생각은 서로 공유하고 있지만,
그것을 구현하는 방법에서 서로 다른 의견이 나오면 치열한
토론 상황이 발생한다. 이 단계를 무사히 넘겨 계획안이
어느 정도 정리되면 서로 잘할 수 있는 것을 나눠서 하는
편이다. 역할 분담을 위한 과도기인 것 같다.

이도은 화가 날 때도 있지만 (웃음) 생각해보면 이야기를 많이
하고 서로 논쟁해서 나온 결과가 더 좋더라. 우리 둘은 뇌
구조가 서로 다르지 않나 싶다. 임 소장은 논리정연하고,
나는 직관적이고 감각적으로 생각하는 편이다. 그래서
머릿속의 말을 정확히 잘 전달하지 못하는 것 같다. 어떨
때는 임 소장이 내 이야기를 하나도 못 알아들을 때도 있다.

김상호 실현되지 않는 계획안에서는 논리적이고 이성적인
느낌이 전해지는 반면 완공작에서는 감각적이고 직관적이란
느낌을 받았다. 보통 공모안이나 계획안에 사무소의 성향이
투영되는데, 그럼 이와임은 어디쯤 서 있나?

임현진 예리한 지적이다. 지금 많이 고민하는 점이다. 리모델링
작업을 쭉 해오고 있는데, 그 일의 특성상 현장에서
예기치 못하게 바뀌는 일이 많이 생긴다. 건축주, 시공자,
비용 등 이런 무수한 관계 속에서 우리는 어떤 포지셔닝을
취할지, 지킬지 타협할지 고민한다. 어떤 위치에 서느냐에
따라 결과물이 바뀐다. 지금은 그 위치를 고민하는 단계.

오헤제 건축

이야기를 만드는 것처럼

산보를 좋아한다. 걷는 것을 통해서 마을을 느낀다. 우리
주변에서 일어나는 이야기를 파악하는 것에서부터 건축을
시작한다. 책상 위에 모형을 두고 위에서 내려다보는 것처럼
도시 전체를 한눈에 바라보는 시점이 아닌, 그 안에서
걸으며 마을을 알아가는 시점에서부터 건축을 생각한다.

오래된 마을들을 걷다 보면 사람들의 손때가 묻고
필요에 따라 고쳐 쓴 흔적, 상황에 따라 자유롭게 집과
마을을 사용하고 있는 모습을 발견한다. 그렇게 건축에
덧붙여진 이야기들은 삶에 대한 태도와 이어진다. 지금
삶의 모습 속에서 중첩된 마을의 이야기를 발견하고,
그 연장선에서 건축의 생성을 생각한다.

과거에는 집을 통해서 생활감이 표현되었다. 불을 피우면
굴뚝에서 연기가 나고, 밥 짓는 냄새가 마을에 퍼졌다.
우물에서 물을 길어오고, 냇가에서 빨래하며 이웃을
만났다. 한 가정의 생활감이 집에서부터 마을로
연장되었다. 근대 이후 가정의 생활감은 건축 설비 안에
흡수되어 버렸다. 덕트가 모든 냄새와 연기를 빨아들이고,
상하수도는 우물과 냇가를 대신해 수돗물을 공급한다.
빨래하는 곳, 물 길어오는 곳이 없어지면서 자연스럽게
사람들이 만나던 공간도 함께 사라졌다. 마을 공동의
생활감도 카페나 공공시설로 흡수되었다.

하지만 여전히 마을을 걷다 보면 사람의 기미가

느껴지는 살아 있는 풍경을 만난다. 마치 생활이 집 밖으로
살짝 삐져나온 것 같은, 집으로부터 흘러넘친 부분을
통해서 그 집에 사는 사람의 생활을 상상하게 된다. 마치
자신을 표현하는 장치처럼 느껴지기도 한다. 상상력을
불러일으키는 풍경들을 마주하면서 일상생활에 요구되는
것, 삶을 즐겁게 하는 것, 인간 실존에 필요한 것 등
삶에 대한 본질적 질문을 하게 된다. 그것을 통해 만드는
자로서 무엇을 추구하고 어떻게 만들 것인지, 건축이라는
것이 인간의 삶에 어디까지 어떻게 관여할 수 있는지를
탐구하게 된다. 그것은 처음부터 철저한 계획에 따라
사용되고 유지되는 것과는 다른 시점의 이야기일 것이다.
모든 것이 빠르게 변하는 시대에 건축이 완결적이지 않고
시간의 중층성을 지닌다면 그 자체로 새로운 시대성을
가질 수 있지 않을까.
우리에게 건축을 하는 것은 이야기를 만드는 것과 비슷하다.
그 이야기는 독백이 아니며, 일상에서 시작해 주변과 이웃,
나아가 도시와의 대화를 만들어 가는 것이다. 자연스럽게
환경의 일부가 되면서 어떻게 새로운 건축을 만들 수
있을까 생각한다.
    건축이 생기기 전에는 존재하지 않던 이야기를
해야 한다. 마을에서 느낀 이야기를 통해서 우리가
설계하는 건축이 무슨 이야기를 해야 하는지 구체적으로
상상하고, 그것을 어떻게 우리의 건축으로 끌어올 수

있을지 고민한다.

어떤 소설가에게 일상과 삶의 모든 과정이 글쓰기와 같은 것인 것처럼 우리는 걸으며 만나는 마을 풍경에서 구체적인 이야기를 채집한다. 걷고 머무르고 다시 걷는 그 길에서 만나는 사람과 사건이 우리 삶과 이야기에 봉합되고, 일상에서 지나쳐버리고 마는 사건도 건축의 일부가 된다. 우리 건축은 마을에서 일어나는 일이 이야기의 주체가 되고 배경이 되는 것을 반복하는 풍경, 살아가는 자이자 살아감을 만드는 자로서 배경과 주체 사이를 순환하는 풍경의 이야기다.

글 최재필, 이해든

<u>인터뷰</u>

사무소를 연 계기는?

최재필 언제라고 정하고 간 것은 아니지만 유학을 갔다 오면
    우리의 일을 하고 싶다는 꿈을 가지고 갔다. 그리고
    예대에 다니던 중에 우연한 계기로 사무실을 열게
    되었다. 마쓰도라는 곳에서 한 예대 선배가 마을 만들기
    프로젝트의 코디네이터를 하고 있었다. 마쓰도 시에서
    오래된 건물을 기증 받아 예술가들에게 작업 장소로
    제공하는 프로젝트였다. 선배가 마침 빈 작업실이 있으니
    한 번 구경해보지 않겠냐고 해서 구경하러 갔다. 그곳에
    건축 분야는 그가 유일했고, 나머지는 조각, 회화, 가구,
    영상 등 다양한 분야의 아티스트들이 있었다. 하나의
    공간에 각자 작업 장소가 있고, 큰 작업을 할 수 있는
    곳도 따로 있어서 작업하기 좋은 곳이었다. 우리도 당시
    진행하던 프로젝트를 위해 거기서 사무소를 열게 되었다.

이해든 굉장히 매력적인 장소였다. 커다란 대지 안에 분동
    형식으로 건물이 있고 그 사이에 마당, 정원, 상점도
    있었다. 앞마당에서는 주말마다 플리마켓이 열리기도 하고,
    열린 공간이라서 다른 예술가들이 지나가다 들리기도
    하고, 2층 갤러리에서는 전시도 했다. 자연스럽게 사람들과
    만나 교류하게 되어 우리 작업을 보여주면서 의견을
    나누기도 했다. 그런 외향적인 환경이 우리에게 좋은
    영향을 준 것 같다.

특기나 지향점이 있다면?

최재필 특기라고 하긴 좀 그런데, 산보를 좋아한다.
    유학 시절에도 늘 산보를 했다. 마을에서 어떤 일이

도쿄 야나카 근처 골목 풍경

일어나고 있는지 관찰하고, 이야기를 나누고, 여기에
필요한 건축은 무엇일지 상상한다. 그런 점에서 산보는
우리 작업의 중요한 일부다.

이해든 그냥 걷기 좋다고 생각하는 곳을 계속 걷는다.

사람들이 어떻게 집을 고쳐서 사는지, 어떻게 모여서
노는지, 건축가가 계획하지 않은 마을이나 도시가 어떻게
움직이고 있는지 등을 보는 게 재미있다. 종종 흥미로운
것을 발견하고, 나는 건축가로서 뭘 해야 할지, 사람들은
뭘 필요로 하는지 생각하곤 한다. 건축의 좀 더 원초적인
모습, 날 것의 모습, 어쩌면 건축의 본질이라고 할 수 있는
모습이다.

최재필 좋아하는 건축가 중에 아오키 준이라는 사람이 있다.

그가 작은 마을의 체육관을 설계하는 프로젝트를 했는데,
직원과 일주일에 한 번씩 대지 근처를 산보하면서 거기에
어떤 건축이 생겨야 할지 이야기하는 데 많은 시간을

보냈다고 한다. 아직 우리는 프로젝트와 연계해서 그렇게
체계적인 산보를 하지는 않지만, 비슷한 목적인 것 같다.
그런 과정을 건축적으로 표현하기 위해 '샘플링'이라는
방법을 사용하기도 한다.

한국성, 일본성 논의에 대한 생각은?
이해든 우리는 한국에서 태어나 한국에서 자랐고 지금도
　　　한국에서 활동하고 있으니까 당연히 한국적인 것을 하고
　　　있다고 생각한다. 동경예대에서 공부하는 동안 나의
　　　정체성은 무엇인지, 나는 무엇을 하고 싶고 또 무엇을 할 수
　　　있는지에 대한 대답을 자꾸만 요구당했다. 그때마다
　　　그 대답을 찾는 것이 너무 힘들었다. 결국 그 뿌리에는
　　　우리가 나고 자란 환경의 DNA, 이를테면 부모, 가족,
　　　우리가 경험한 것들과 같은 것들이고, 한국이라는
　　　토양에서 나오는 것이다. 그래서 우리 작업도 그런 부분이
　　　바탕이 되었다고 생각한다.
최재필 그런 질문은 일본이 도시 생활의 모습이 비슷하고
　　　가까운 나라이기 때문에 나오는 것 같다. 재미있는
　　　이야기를 하나 하면, 마침 엊그제 유학 시절 친구가 서울에
　　　놀러 와서 만났다. 그 친구가 말하길, 유럽에 가면 일본과
　　　완전히 달라서 이국처럼 느껴지는데, 서울에서는 뭔가
　　　SF적인 느낌을 받는다고 했다. 사람들도 비슷하게 생겼고,
　　　신주쿠랑 종로도 비슷하고, 도시 구조도 비슷한데, 뭔가
　　　조금씩 다른 부분이 있어서 그렇다는 거다. 생각해보니
　　　진짜 그렇더라. SF라는 장르는 완전히 엉뚱한 어떤 세계를
　　　그리는 게 아니라 지금 우리가 사는 세계 속에 뭔가
　　　새로운 것, 다른 것이 나타나는 상황을 다룬다.

처음 유학을 준비할 때 일본과 유럽 중에 고민했다.
왜 일본을 선택했는지 기억을 더듬어보니, 다른 부분과
비슷한 부분이 공존하는 것에 끌렸던 것 같다. 그게
무엇인지 알고 싶었고, 유학 생활 내내 산보를 즐긴 것도
그 과정이었던 것 같다. 그런 감각이 내가 사는 세계와
도시를 이해하는 데 중요한 부분이라고 생각한다. 한국성과
일본성에 대한 질문이 자주 나오는 것은 많은 공통점
사이에 다른 점을 찾고 싶어서인 것 같다.

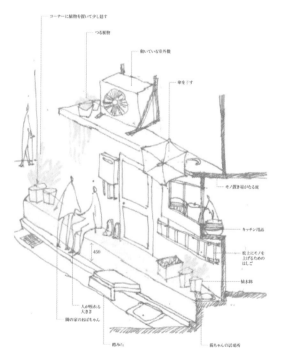

도쿄의 한 T자형 골목 풍경을 분석한 드로잉.
(콘크리트 기단부가 창소가 되는 것을 상상하며 그린 것)

구상하고 있는 조직 형태는?

최재필 아직 구체적으로 어느 정도의 규모가 됐으면 좋겠다고
생각해본 적은 없다. 한 가지 확실한 것은, 일종의
'싱크탱크'가 우리 팀 안에 있으면 좋겠다. 대학의
연구실일지 사무소의 한 부서일지는 모르겠지만, 하고 싶은
건축을 하기 위한 연구가 조직적으로 회사 내부에서
이뤄지면 좋겠다. 팀이 점점 커지면 생각하는 것을
공유하고 발전시키고 그것을 실무에 반영할 수 있는
도구가 필요하다고 생각한다.

예를 들자면, 아틀리에 바우와우의 쓰카모토 씨는
연구실이 여러 군데에 있다. 일본에서는 대학에 연구실이
있고, 스위스나 미국에서는 스튜디오 형식으로 관심 있는
주제를 이어서 연구한다. 그런 연구 내용이 다시 바우와우
사무소의 작업에 반영되는 식이다. 생각하는 것과 만드는
것이 일치할 수 있도록 도와주는 중간 영역으로서의
싱크탱크를 장기적으로 구상하고 있다.

토론
일본 유학 계기: 동경예대에 대한 관심

심미선 조금 시간을 거슬러 올라가서 일본 유학을 선택한
계기가 뭔지 궁금하다.

최재필 일본을 선택했다기보다 동경예술대학을 가고 싶었다.
서승모 소장님에게 동경예술대학 시절 이야기를 들으면서
구체적으로 생각하게 됐다.

이해든 '매니악적'이랄까, 하나의 주제를 가지고 끝까지 탐구하는
동경예대의 방식이 마음에 들었다. 어떤 학생이 '꽃과 같은
건축을 하고 싶다'고 하면 꽃이 피는 과정과 꽃의 구조

등을 탐구해서 어떻게 건축화할지를 연구한다는 이야기를
듣기도 하고, 준야 이시가미가 베니스비엔날레에서
실처럼 가는 건축을 만든 것도 보면서 동경예대에 가보고
싶어졌다.

최재필 동경예술대학은 '나만이 할 수 있는 건축'이 뭔지를
찾아야 하는 학교다. 그걸 못 찾으면 졸업 못 한다.
예를 들면 목욕탕집 딸은 졸업 작품으로 목욕탕 관련된
걸 해야 한다. (웃음) 그런 식으로 내가 왜 이 연구를
해야 하는지가 있어야 한다. 나는 한남동에서 생활했기
때문에 한남동을 연구하기도 했고, 또 내가 다니던 교회가
이곳저곳을 옮겨 다니는 교회였기 때문에 그런 현상을
바탕으로 작업하기도 했다.

도면 속 사람: 생활이 만드는 풍경

박정현 도면에 사람이 많이 등장한다. 최근 한국 건축가도
일상에 대해서 많이 이야기하지만, 도면, 사진, 모형은
언제나 진공 상태로 표현한다. 오헤제는 계획안에서도
사람이 어떻게 움직일까를 세심하게 추적한 것 같다.
이런 표현방법이 동경예대의 분위기인지, 두 건축가의
스타일인지 궁금하다.

최재필 의도적으로 도면에 그림을 그리지 않는 건축가가 있고,
우리도 때로는 의도적으로 안 그릴 때가 있다. 일본에서는
사람, 물건, 건축 이외의 것을 그린 것을 '전경'(배경이
아닌)이라고 한다. 우리가 하고 싶은 건축은 시장이나
광장의 모습과 비슷하다. 건축은 사라지고 사람들의
움직임과 생활이 만들어가는 풍경을 상상하고 그려보는
것을 중요하게 생각한다.

지향점: 디자인과 생활감

청중A '우리 디자인이 사라지고 풍경으로 녹아드는 게 좋았다'는
말이 인상적이다. 한편, 본인들이 개입한 지점이 사라진다는
게 어떤 의미인지 궁금하다. 자신이 디자인한 것을
건드리지 않기를 바라는 건축가도 있다. 그런데 오헤제는
그걸 유연하게 '좋다'라고 말한다. 사용자들에 의해서
다양하게 변주되는 게 좋은가?

최재필 사용자의 생활감이 묻어나는 디자인이 계속 이어지면
좋겠다. 예를 들어 이 집(p.160 목천 세 집 참고)에서는
지붕에서 떨어지는 빗물을 받는 우물과 벤치, 계단이
그렇다. 기본적인 디자인이 끝난 다음에 덧붙여진 것이다.
그런 행위가 자연스럽게 일어나고 계속 이어지는 집이 되길
바랐다. 사용자가 만들어가는 이야기들이다. 준공하고
6개월이 지나서 지하수 펌프 보수가 필요하다는 연락을
받고 건물 상태도 확인할 겸 가보게 됐다. 가는 길에
'여기는 이렇게 관리해야 할 텐데, 저기는 어떻게 관리하고
있나' 걱정도 했다. 도착해서 보니 우리 걱정이 부끄럽게

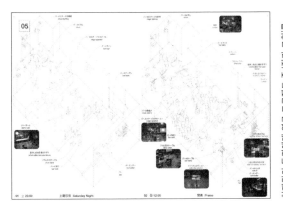

하단 프로그램 상상도 최재필이 동경예대 연구 프로젝트 중 '장과 교회'를

느껴질 정도로 정말 잘 쓰이고 있었다. 그 모습을 보면서
디자인은 서서히 지워지고 그 안에 있는 사람들의 풍경만
남게되는 건축을 생각해 봤다.

평면과 입면: 대지, 집, 디테일의 관계

청중B 목천 집 평면이 흥미롭기도 하고 의외이기도 했다.
평면은 기하학적으로 정사각형과 직사각형이 45도로
엄격히 만나고 있는 모양새다. 그런데 밖의 입면에서는 그런
기하학적 엄격함이 드러나지 않는다. 그 의도가 궁금하다.

이해든 설계할 때 주변 환경, 땅의 영향을 많이 받는 편이다.
그곳은 다각형으로 생긴 땅이었다. 계획 초기에 긴 거,
뚱뚱한 거, 반듯한 거 등등을 그려봤는데 어떻게 놓아도
땅을 나누는 배치가 되었다. 집의 배치 때문에 땅이 나뉘지
않으면 좋겠다고 생각했고, 오히려 집을 통해서 전체가
하나로 흐르길 바랐다. 그 결과 이런 배치와 형태가
나온 것 같다.

입면은 굉장히 중요하게 생각한다. 창 높이, 창 사이의
간격, 기초와 창의 만남, 처마 두께와 사이딩의 간격, 코너
마감, 데크 비율 등 세심하게 연구했다. 그리고 창이 단순한
입면이 아니라 내외부를 연결하는 툇마루가 되도록 하기
위해 창이 열리는 방식과 걸터앉을 수 있는 디테일을
고민했다.

오드투에이

함께 걷는 것을 좋아한다. 우리는 대학 시절부터 걷는 것을
　　좋아했다. 아마도 도시와 관련된 역사와 인문학 수업으로
　　서울 동네 답사를 다닐 때부터였던 것으로 기억한다.
　　그때부터 볕이 좋은 날, 틈이 생기는 날이면 함께 산책하며
　　도시 구석구석을 관찰하곤 했다. 가려지고 덧대어진 것을
　　발견하고, 무심코 지나치던 많은 것을 다시 보는 것을
　　좋아한다. 재밌고 신선한 것들은 사진으로 기록해두는데,
　　나중에 들춰보며 도무지 무엇을 남기고 싶었는지 모르는
　　것들과 그때는 미처 보지 못했던 풍경에 즐거워한다.
　　그리고 언젠가는 우리가 경험하는 풍경들 속에 우리
　　흔적을 어떤 식으로든 남겨보자고 다짐한다.
귀 기울이는 것을 좋아한다. 우리는 다른 이들의 생각 듣기를
　　좋아한다. 각자의 관점과 기준이 수천 가지가 있다는
　　사실이 늘 신선하게 다가온다. 우리와 다른 의견에는
　　'왜'라고 질문한다. 왜 다른지에 대한 답을 찾기 위해
　　우리는 그들의 말에 더 귀 기울인다. 그러다 보면 명쾌한
　　해답을 찾을 때도, 찾지 못할 때도 있다. 우리끼리도 서로의
　　이야기에 안테나를 켠다. 지금 당장 하고 싶은 것과 해서는
　　안 되는 것, 각자 하고 있는 작업의 아이디어, 건축과
　　디자인에 대한 지향점과 구체적인 실현 방법에 이르기까지.
　　질문하고 답하면서 생각을 공유하고 서로를 이해하려고
　　한다. 우리 자신에 대한, 타인에 대한 질문과 답이 하나둘
　　쌓이면서 귀 기울여 얻은 정보와 지식을 우리의 언어로

표현해보고 싶어졌다. 그래서 우리는 우리 언어로
우리만의 작업을 할 수 있는 회사를 만들었다.

실험하는 것을 좋아한다. 우리는 생각하고, 생각대로
만들어보는 것을 즐긴다. 한 번에 착착 만들어지는 경우는
드물다. 하지만 시행착오를 겪으면서 더 알맞은 재료와
더 합리적인 디테일, 새로운 가능성을 발견한다. 이런
실험 과정과 결과는 작은 것에서 큰 것에 이르기까지
우리 작업 곳곳에 적용되고 있다. 이것이 우리를 표현하는
언어가 된다. 구축을 위한 실험을 계속하면서 우리 어휘는
느리지만 지속적으로 늘어나고 있다.

배우는 것을 좋아한다. 우리는 지난 2년 동안 많은 것을
배웠다. 사업자등록은 생각보다 쉽다는 것을 알았고,
웹사이트를 구축하는 방법을 (아주 간단해 보이는
웹페이지의 디자인이 얼마나 복잡한 알고리즘을 이해해야
하는 것인지) 배웠고, 인스타그램의 원리와 해시태그를
배웠다. 몇 번의 미납 고지서를 받아 보면서 각종
분기별 세금을 거르지 않고 납부하는 방법을 터득했다.
(그중엔 알면 알수록 어려운 것도 있었다.) 상황과 조건에
따라 계획과 디자인을 효율적으로 변경하는 방법을
배우고 있다. 예산을 맞추기 위해 값싼 재료로 질 높은
공간을 만드는 일은 매번 새로운 것을 배우는 기회다.
현장 소장님이나 목수 반장님으로부터 감탄할 만큼
간단하게(혹은 새롭게, 혹은 몰랐던 방식으로) 디테일을

푸는 방법을 배웠다. 클라이언트와 실제 이용자, 아티스트, 각 분야 협업자에게서 배운 것들은 우리가 가지고 있던 것과 시너지를 일으켜 작업의 스펙트럼을 넓혀 준다. 그래서 우리는 함께, 더불어 일하는 것을 좋아한다. 우리 방식과 선택이 늘 가장 확실하거나 분명한 정답이 아닐 수 있다. 우리가 아직은 완벽하지 않기 때문이다. 우리는 서로를 완전히 신뢰할 때, 어렵지만 대담한 결정을 내리는 것이 쉬워진다는 것을 안다. 수많은 이야기와 토론, 협력 과정을 통한 결과가 참여한 모든 사람에게 의미 있는 일이 되게 하려 한다.

글 이희원, 정은주

인터뷰

사무소를 연 계기는?

정은주 둘 다 아틀리에에 근무하고 있는 상황에서 현실적으로
이 일을 평생의 업으로 삼을 수 있을지 많이 생각했다.
그래서 헤리티지 투모로우 프로젝트 공모전도 같이
도전해보는 등 돌파구를 찾으려고 했다. 어쨌든 언젠가는
우리 작업을 해보자고 생각하고 있었는데, 그때가 서른한
살이었다. 경험이 연차와 비례하는 건 아니지만, 더 많은
경험이 필요하다고 생각하던 차에 PKM+ 프로젝트 의뢰를
받았다. 좋은 기회에 적절히 사무소를 시작할 수 있게 해준
고마운 프로젝트다.

앞선 실무 경험에서 얻은 것은?

이희원 디지털 테크놀로지를 바탕으로 하는 건축에는 원래
별로 관심이 없었는데, 삶것에 일하면서 관심이 생겼다.
이전에는 물리적 구축을 통해 실현하는 건축에 흥미를
느꼈고, 새로운 디지털 테크놀로지를 통한 건축적 언어나
디자인 방법론에는 오히려 거부감이 있는 편이었다. 그런데
잘 알지도 못하면서 무조건 싫다고 하는 건 무책임하다는
생각이 들었다. 그런데 하다 보니까 재미를 느꼈고, 건축이
건물에만 국한되는 게 아니라는 생각도 하게 되었다.
나중에는 유학까지 그쪽으로 다녀왔다.

　　　유학 시절에는 플러그인 소프트웨어도 하나 개발했다.
3D 프린터가 작동하는 메커니즘을 컴퓨터로 조절할 수
있게 만드는 거였다. 이 플러그인을 이용하면 단순 적층만
하는 게 아니라 자유롭게 이동하면서 3D 프린팅을 할
수 있다. 이 기술을 로봇 팔에 적용하면 장애물을 피해

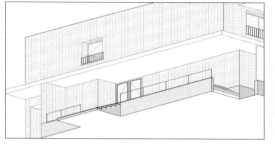

pkm+의 입면 계획을 위한 아이소메트릭 드로잉

다니면서 큰 스케일로 뭔가를 구축하는 방식을 제안할 수
있겠다는 생각도 했다. 실제로 미국에서는 많은 사람이
그런 연구를 하고 있다. 거의 1년 동안 이 플러그인 개발에
매달렸는데, 목표했던 상용화까지는 가지 못했다. 한국에
돌아와서도 그 연장선상에서 무언가를 하고 싶다는 생각이
있었지만 큰 진척은 없었다.

정은주 나는 m.a.r.u.를 다니면서 건축을 대하는 태도를 확고히
다질 수 있었다. 학생 때는 '건축은 뭘까', '건축가는 뭐 하는
사람일까' 하는 막연한 질문만 던지곤 했는데, 실무 경험을
통해서 실제 건물을 완성하기 위해 건축가로서 뭘 해야
하는지 배웠다. 실제로 기능하는 건물을 짓기 위해 필요한
시스템과 건축가의 역할과 책임을 그제야 깨달은 것 같다.

결국에는 그것이 도면에 녹아나겠지만 실질적 고민이
바탕이 되었을 때와 그렇지 않을 때 도면의 양과 질이
다르다는 것을 알았다. 예전에는 멋진 건물을 지어서 멋진
도시를 만드는 사람이 건축가라고 단순하게 생각했다면,
좀 더 실제적이고 구체적인 건축가의 역할이 무엇인지,
어떤 과정을 통해 그 역할을 성공적으로 수행하는지에
대해 배웠다.

특기나 지향점이 있다면?

이희원 우리는 건물에서 사용자들이 실제로 경험하는 부분에
집중하려고 한다. 건축의 개념적인 아이디어나 전반적인
디자인 능력도 중요하지만, 디테일을 얼마만큼 고민하고
해결하느냐도 굉장히 중요한 이슈다. 정 소장과 나 모두
이전 사무실에서도 설계 단계에서의 디테일, 그리고 그것을
실체화하는 것에 관심을 많이 두었고, 그 경험이 바탕이
되어 오드투에이에도 이어지는 것 같다.

정은주 디자인에 치중해서 사용자가 불편을 느끼거나 관리에
어려움이 있다면 좋은 디자인은 아니라고 생각한다.
겉보기에 깔끔하고 예쁜 것도 중요하지만 실제로 사용하는
사람에게는 손으로 만지고 움직일 때의 느낌도 그에
못지않게 중요하다. 그래서 우리도 어디를 가든 손에 직접
닿는 물건이나 공간을 훨씬 더 중요하게 여기게 되었다.

앞으로도 계속 그런 부분에 집중하고 싶다. 완성도
있고 제대로 기능하는 것을 만들고 싶다. 보기엔 좀 덜
예쁘더라도 마무리를 깔끔하게 하는 게 우선이고, 재미를
찾는 것은 그다음이다.

또 한 가지는 좀 더 현장 친화적인 도면을 그리려고
한다. 작은 프로젝트를 진행할 때의 일인데, 늘 하던 대로
실시도면을 그려서 시공사에 전달했더니 도면 이해도가
떨어졌다. 그다음부터 투시도처럼 그려서 치수를 함께
표시해서 주니 의사전달이 더 잘되더라. 그리고 아무래도
예쁘게 그리면 더 쉽게 이해한다. 그렇게 고민하면서 그리다
보면 결국 도면도 점점 예뻐진다. 그렇게 그린 도면들이
쌓여서 오드투에이를 만드는 거라고 생각한다.

포럼

사무소 운영: 양보다 질

청중A 막 시작한 건축가에게 사회가 일정 부분 열정페이를
　　　기대하는 것은 사실인데, 앞으로 직업인으로서 건축가를
　　　어떻게 준비하고 있는지 궁금하다.

정은주 요즘 그 문제를 가장 많이 고민하고 있다. 첫 번째
　　　프로젝트에서의 실제 업무량과 경험치를 바탕으로 두 번째
　　　프로젝트에서는 적지 않은 설계비를 제안했는데 건축주가
　　　흔쾌히 수락했다. 그 후로 우리가 일한 만큼 비용을
　　　요구하는 편이다. 성격상 대충을 못 한다. 그래서
　　　'더 싸게 더 많이'는 지양하려 한다. 일할 때만큼은
　　　병적으로 파고드는 우리를 이해해주는 사람이 우리가

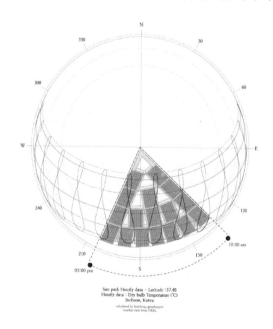

Sun path Hourly data ~ Latitude : 37.48
Hourly data : Dry bulb Temperature (°C)
Incheon, Korea

calculated by ladybug, grasshopper
weather data from NREL

스테이링 엣 더 썬 프로젝트: 태양에너지 최적화를 위한
지붕 면 스터디(66쪽)와 태양광 패널 설치를 위한 다이어그램(67쪽)

제안하는 설계비도 수용하는 것 같다.

이희원 우리 스스로 합리적이라고 생각하는 설계비를 받으려고
　　　노력한다. 그래서 많은 프로젝트를 수주하지는 못한다.
　　　견적 받아 보고는 연락 없는 경우가 많다. 그런데 달리
　　　생각하면 합리적인 설계비를 받으면 그만큼 열심히 할 수
　　　있다는 자신감이 따른다. 작은 수의 프로젝트를 집중해서
　　　잘하는 게 목표다.

직업에 대한 고민: 파트너

청중B 두 분 다 아틀리에에서 4-5년 이상씩 오래 일했는데,
　　　발표 때 '이 일을 업으로 할 수 있을까' 고민했다고 말한
　　　점에 대해 좀 더 구체적으로 이야기해주면 좋겠다.

정은주 사무소 직원일 때 했던 고민이다. 아틀리에에서는
　　　10년 차 이상이 되어도 사무소 개소가 아니면 답이 없는
　　　상황이다. 그렇다면 빨리 시작해서 상황을 타진해보자고
　　　생각했다. 직장에서 똑같은 작업을 되풀이하다 보니 변화가
　　　필요하다고 느끼기도 했다. 혼자였으면 개소까지 생각
　　　안 했을 수도 있지만, 힘을 실어주는 사람이 있어 결심했다.

이희원 나도 마찬가지다. 학생 때부터 내 사무소를 열겠다는
　　　생각을 많이 했다. 삶것이라는 설계사무소에 들어갔던 것도

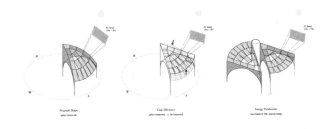

그런 이유다. 새로 시작하는 설계사무소에 보고 배우면 앞으로 내 사무소를 열 때 시행착오를 줄일 수 있겠다고 생각했다. 결정적으로 사무소를 시작할 결심이 선 것은 정 소장에게 의지할 수 있겠다는 생각이 들어서다. (웃음)

시장에서의 돌파구: 업역 확장 준비 중

청중C 요즘 건축 설계를 웬만큼 해서는 경쟁력이 없다. 그래서 많은 건축가가 부동산 임대, 가구 출시, 조명 디자인 등 다른 일에 눈을 돌린다. 일종의 돌파구를 찾는 것 같다. 삶것도 그런 의도인지는 모르겠지만, 전시에도 참여하고, 조형물도 만든다. 오드투에이도 그런 고민을 하는지 궁금하다.

이희원 그런 고민의 일환이 스테어링 앳 더 썬(Staring at the Sun) 프로젝트였다. 우리 둘 다 업역을 건물로 한정하고 싶은 생각은 없다. 할 수 있는 범위 내에서 다양하게 해보려고 생각하는데, 아직 적극적으로 움직이지는 못하고 있다. 그 프로젝트로 발판만 마련한 정도다.

스테어링 앳 더 썬 프로젝트는 내가 유학 시절에 공부했던 것을 기반으로 디자인한 것이다. 삶것에서도 아이디어 트리(Idea Tree) 프로젝트에 참여했는데, 라이노 그래소퍼로 디자인했고 감리까지 참여했다. 그리고 삶것에서 들어간 계기가 된 프로젝트 중에는 있잖아요 프로젝트도 있다.

실제로 내가 삶것에 입사했던 배경에도 그런 측면이 작용했다. 양수인 소장님은 건물 설계 말고도 설치 작업이나 IT 기술 기반의 작업을 많이 한다. 그런 면을 배워서 나만의 돌파구를 찾고 싶었다.

코어건축

코어건축사사무소는 유종수, 김빈 등 젊은 건축가가 주축이
되어 서울에 설립되었다. 우리는 개인의 개성이 존중되는
다양한 건축가들이 모여 지식을 공유하며 건축을 고민하는
집단을 목표로 한다. 마스터 아키텍트에 의해 운영되는
기존 사무소가 갖는 한계에서 탈피하고, 현대 사회의
다양성을 존중하여 집단지성의 힘을 토대로 더 나은 환경을
만들고, 지속 가능한 건축 집단이 되기 위한 아틀리에의
새로운 방식을 만들어 가고자 한다.

　　우리는 구축 방식, 프로그램 구성, 재료 실험을 비롯해
변화하는 사회 구조에 대응하는 새로운 유형 찾기에
관심이 있다. 이를 통해 건축과 도시, 인테리어, 인프라까지
도시를 구성하는 다양한 분야의 크고 작은 규모의
프로젝트에 참여하고 있다.

　　현재 서울시와 세종시의 공공건축가로 활동 중이고,
김수근건축상 프리뷰상, 신진건축사대상, 서울시건축상,
건축문화대상, 대한민국공공건축대상 등을 수상했다.
대표작으로는 신설동 한옥 리모델링, 평화문화진지,
양남사이시장, 낙산상개 전망대(p.178 참고), 서진특수학교,
SH 은평센터, 2018년 서울광장 스케이트장(p.184 참고)
등이 있다.

　　글 유종수, 김빈

인터뷰

앞선 실무 경험에서 얻은 것은?

유종수 10년 가까이 아틀리에 사무소에 몸을 담았기 때문에
그때 경험하고 배운 것들은 결코 부정할 수도 없고,
부정하지도 않는다. 다만, 항상 그때 경험을 토대로 그때와는
다른 우리만의 것을 만들어가야겠다는 생각을 한다.

건축을 대하는 태도에서는 아틀리에 실무 경험의
영향이 크다. 보통 사무소와 성격이 달랐다. 소위 '선생님'
같은 티를 내지 않았다고 할까. 건축 그 자체에 몰입해야
한다는 점을 훨씬 강조했다. '이것은 일이고, 우리는 프로고,
여기는 학교가 아니다', 그때 들었던 이 말이 지금 우리가
코어건축을 운영하는 데에도 그대로 이어지고 있다.

지금 우리가 하는 일의 종류나 성격은 이전 사무소에서
경험했던 것들과는 완전히 다르다. 그때는 관공서 일을
경험한 적이 없고 대부분이 민간 프로젝트였다. 일도 훨씬
많았다. 지금은 어떻게 보면 완전히 초심자의 입장이다.
그런데 그때 익힌 태도는 몸에 배어서 자연스럽게
이어지고 있다.

감각과 이성을 오가며 두 가지 면을 다 중요시하는
것도 그때의 영향인 것 같다. 감각적으로 접근하는 부분이
있지만, 기본적으로 시스템을 중시하는 면이라던가,
사소하게는 큰 틀에서 건축계를 건강하게 만들어가야
한다는 의식 같은 것도 배웠다.

사무소를 연 계기는?

김빈 사무실을 연 계기라고 하면 우리가 회사를 나온 계기와
맞물리는데, 유 소장도 그렇고 나도 10년 정도 회사를

다녔으니 한 번은 전환을 해야겠다는 생각을 한 것 같다. 나이도 딱 그런 고민을 할 타이밍이었다. 그래서 회사를 나와서 사무소를 시작하게 되었다. 나로서는 어차피 똑같은 건축 일을 하는 건데 회사를 다니면서 하느냐 아니면 독립해서 하느냐를 선택해야 하는 시점이 그때였다. 뭔가 특별히 큰 꿈을 펼치겠다는 포부가 있었던 게 아니라, 앞으로도 계속 설계를 할 건데 그 환경을 바꿔본 거다. 그렇게 회사를 시작해서 여기까지 왔다. 내가 먼저 나오고, 1-2년 뒤에 유 소장이 합류했다.

유종수 우리만의 문제는 아닌데, 설계사무소에는 일종의 고비가 있다. 1년차, 3년차, 5년차, 10년차… 어느 순간 조직이 역삼각형의 구조를 이루게 되면 사무소 운영에 어려움이 생길 수밖에 없다. 손발을 맞춰서 일해야 하는데, 위에 있는 사람들이 더 많아지면 실제로 일을 진행하는 실무자가 상대적으로 적어진다. 물론 궁극적으로는 경험 많은 사람들이 탄탄하게 받쳐 줘야 좋은 설계를 할 수 있지만 대부분 사무소가 그런 상황은 못 된다. 소장 한 명에 건축가 한 명, 파트너 실장 정도면 충분한데, 건축가가 대여섯 명이 되어버리면 실무진이 일을 받쳐주기 어렵다. 이런 점과 맞물려서 10년차쯤 되면 여기에 계속 있어야 할지 나가야 할지 고민하게 되는 것 같다.

요즘은 10년, 20년씩 경력을 쌓지 않더라도 1-2년 정도의 경험을 가지고 친구들끼리 의기투합해서 사무소를 여는 사람도 많다고 한다. 그렇게 곧장 독립해서도 잘할 수 있지만, 개인적으로는 적어도 10년 정도는 좋은 사무실에서 경험을 쌓아야 건축을 할 수 있다는 생각에 공감한다. 왜냐하면 건물을 만드는 일은 크건 작건 간에

용산아이파크몰 현상설계 계획안. 단면형 덩어리.

일종의 패턴을 만드는 일이다. 경험 없이 현장에 나가면
모든 시행착오를 직접 겪기 마련이다. 그렇게 해도 좋은
것을 만들 수는 있다. 다만, 우리는 미리 경험했기 때문에
사무실을 열고 나서는 그런 시행착오를 줄일 수 있었다.

현상설계에 노력을 쏟는 이유는?

김빈 작은 사무소, 갓 시작한 건축가들은 어쨌든 일이 있어야
   하니까 현상설계를 시작한다. 보통 건축 쪽에는 명함
   돌리는 식의 영업이 따로 없다 보니 현상설계가 일을
   만드는 좋은 방법이 된다. 우리도 처음에는 정말 생계를
   위해서 시작했다.

      한편, 건축가는 계속 무언가를 생산해내야 하는
   사람이다. 현상설계에는 생존 수단의 의미도 있지만,
   우리가 계속 무언가를 생산한다는 의미도 있더라. 당선되고
   안 되고를 떠나서 일단 작업을 하니까. 현상설계도 특정한
   조건이 주어지고, 그 조건 하에서 무언가를 만들어낸다는

점에서 엄연한 건축의 프로세스이기 때문이다.

어쨌든 하다 보니 당선이 되기도 하고, 또 그러다
보니 계속하는 거다. 우리가 어떤 공익적, 사회적 목적으로
현상설계를 하는 것은 아니다. 현상설계가 대부분 관에서
나오다 보니 자연스럽게 공공프로젝트를 하게 된 것이다.

유종수 많은 건축가가 현상설계의 문제점으로 공정성을
지적한다. '짜고 치는 거다', '떨어진 안이 더 좋다' 같은
말도 심심찮게 들린다. 그래도 최근에는 그런 점들이
개선되고 있다고 생각한다. 심사위원들도 공정하게
선정되고, 선별 기준도 만들어져서 지자체들도 그에
따르려고 한다.

개인적으로는 현상설계에 집중해야겠다는 생각은
없다. 하지만 현재 상황을 냉정하게 살펴보면 민간의
일이 워낙 제한적이기 때문에 피해갈 수는 없을 것
같다. 그렇다고 무차별적으로 참여하는 것은 아니다.
심사숙고해서 우리에게 얼마나 맞고, 도움이 될지를
고려해서 참여하려 한다. 중요한 것은 그 양과 속도를
어떻게 조절해서 다른 일들과 균형을 맞추느냐다.

특기나 지향점이 있다면?

김상호 사무소 소개 글을 보면 '새로운 유형 찾기'에 관심
있다고 나와 있다. 주거와 시장이 복합된 양남시장,
학교의 전형성을 벗어난 서진특수학교 등이 특히 그렇다.
우리 사회에 아직 충분히 개발되지 못한 건축 유형에
의식적인 관심이 있나?

유종수 유형을 만든다는 걸 항상 생각하지만, 어떻게 보면
그 틀 안에 갇힐 수도 있기 때문에 신중하게 생각한다.

프로젝트를 선택할 때는 먼저 그 가능성을 찾아본다.
'얼마나 재미있을까', '얼마나 의미가 있을까', '흔한 일이라면
우리는 어떻게 다른 것을 만들까'를 생각한다.

　　오늘은 모두 특수한 상황에 놓인 프로젝트를
발표했지만, 보편적인 프로젝트에도 관심이 많다. 예를 들면
아파트다. 정부가 30만 호 주택 건설을 내걸고, LH에서는
일주일에 서너 개씩 공고가 올라오고, 하나에 보통 서너
개 사무소가 참여한다. 대부분 기존에 아파트 설계를 하던
사무소가 일을 가져간다. 아파트는 끊임없이 생기는데
이 시장에 뛰어드는 건축가는 몇 명 없는 것이다.

　　우리는 생계형 일에는 관심이 없고, 오래 지속할 수
있는 생존에 관심이 있다. 그래서 남들은 관심 두지 않는
흔한 프로젝트를 봐도 우리라면 어떻게 관여해서 다른 걸
만들지 생각한다. 서진특수학교도 그런 맥락에서 도전했다.

생존하는 건축가가 되고 싶다는 뜻은?!
김빈 생존은 '건축가로서' 살아남는 것을 의미한다면, 생계는
　　그저 먹고사는 일을 뜻한다. 생존은 의미 있는 작업을
　　이어 나가면서 건축가로서 살아남는 것이고, 생계는 그것과
　　관계없이 내 생활을 유지하기 위해 하는 활동이다.
유종수 워낙 일이 없다 보니 요즘 젊은 건축가들은 '생계형
　　건축가'라는 이야기가 있다. 그런데 나는 정말 그렇게
　　생각하는지 한번 묻고 싶다. 단순히 먹고살기 위해
　　설계사무소를 하는 건가? 건축가로 '생존'하기 위해
　　현장에서 깊은 고민을 해본 적이 있나? 물론 들어오는 일이
　　워낙 적다 보니 그런 이야기가 나오는 것도 이해는 가지만,
　　일이 적은 것은 본인들이 하고 싶은 일만 가려서 하려고

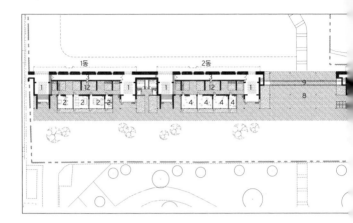

했기 때문은 아닐까?

    건축에서는 꼭 설계가 아니어도 다양한 일을 할
수 있다. 다른 방식으로도 충분히 사무소 운영을 할 수
있다면 생계가 건축계에서 화두가 될 일이 아니다. 하지만
불행하게도 생계형 건축가 같은 말이 건축하는 사람들
사이에서 화젯거리가 되었고, 개인적으로는 그 점을 아쉽게
생각한다.

    우리는 생계형 건축가가 되고 싶지 않다. 김 소장이
말한 대로 의미 있는 건축가로 생존하기 위한 길을 택했고,
한 방편으로 현상설계에도 적극적으로 참여하고 있다.
실제 건축계에서 벌어지는 현상을 제대로 파악하지 않고
할 수 있는 다양한 가능성을 충분히 탐색하지 않은 채로
하고 싶은 일만 하려고 하면서 생계를 걱정한다는 건
모순적이다. 건축가로 생존할 수 있는 다른 방법을 충분히
모색해보면 좋겠다.

1	다목적홀
2	사무실
3	전시복도
4	공방
5	카페테리아
6	레스토랑
7	군지휘소
8	평화광장
9	지하연결통로
10	전망대
11	베를린장벽
12	중정

평화문화진지 1층 평면도

토론

공공프로젝트의 어려움: 익숙해진다

청중A 작업을 보면 저 모습을 만들어내기 위해서 얼마나
　　　많은 행정 절차와 싸웠을지 상상이 안 될 정도다.
　　　한 프로젝트에서 디자인 업무 대비 행정 업무가
　　　어느 정도를 차지하는가? 공공프로젝트를 이끌어가는 데
　　　얼마나 어려웠나?

김빈 첫 공공프로젝트가 평화문화진지였는데, 그때는 힘들었다.
　　　회의도 많고, 결정권자도 많았다. 발주처가 가장 보수적인
　　　군부대였으니 하나를 정하려 해도 회의를 거듭해야 했고,
　　　더 높은 직급의 사람이 등장하면 결정 사항이 바뀌기도
　　　했다. 참 힘들었다. 그런데 점점 익숙해졌다. 우리 의견이
　　　처음에 20% 실득이 됐다면, 다음엔 30%, 그다음엔 40%,
　　　이런 식으로 점점 나아졌다. 서진특수학교 프로젝트도
　　　힘들었지만, 공무원과 계속 만나다 보니 그 과정이
　　　익숙해졌다. 그렇게 대해야 내 마음이 편하고 다음 일을

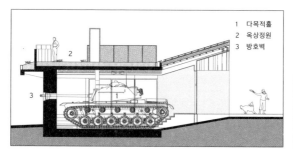

1 다목적홀
2 옥상정원
3 방호벽

평화문화진지 단면도

할 수 있으니까 자연스럽게 적응한 것 같다.

유종수 우리가 운이 좋아 좋은 공무원을 만났는지, 담당
공무원이 우리를 신뢰해줬다. 그도 사람이다. 만나서
이야기로 풀어야 하는 부분도 있다. 오히려 일하는 데 힘든
것은 각종 심의 때 거쳐야 하는 심의위원, 자문위원들이다.
아무 권한도, 책임도 없이 행정절차이기 때문에 의견을
제시하는데, 설계하는 입장에서는 받아들이기 힘든 부분이
있다. 하지만 그것도 프로젝트의 과정이라서 피할 수는 없다.

기존 건물에 대한 관점: 오래된 것은 대략 아름답다

청중B 리모델링 프로젝트에서 기존의 것에 대한 태도나
관점이 있나?

유종수 우리의 공통적인 생각은 '오래된 것은 대략 아름답다'이다.
그런데 그 이면에는 도시재생 이야기가 따라오는데, 우리는
도시재생 이슈에 빠져 있지 않다. 도시적으로, 건축적으로
의미가 있을 때 남기는 것이지, 오래된 것이라고 해서 무조건
보존해야 한다는 입장도 아니고, 오래된 것이 반드시 좋다고
생각하지도 않는다. 그렇지만 건축뿐만 아니라 '대략' 모든
것은 시간이 축적됐을 때 아름다움이 묻어나게 되어 있다.

청중C 나는 재생 공간에서 전시를 준비하고 있다. 그 공간은
리모델링하기 전 전혀 손대지 않은 상태에서 열린 전시가
너무 큰 호응을 얻는 바람에 아예 전시장으로 리모델링하게
되었다. 그 과정에서 구조 안정성을 갖추다 보니 공사
범위가 넓어졌고 덕분에 원형이 많이 사라져버렸다. 전시를
준비하는 입장에서는 안타깝다. 코어건축은 기존 것과 새로
구축되는 것 사이에 어느 정도 수준의 개입을 하는 편인가?
김빈 프로젝트마다 다를 수밖에 없어서 딱 잘라 말할 수
없다. 만약 그곳처럼 일부를 남기고 일부를 새로 한다는
조건이라면 하나씩 따져보면서 정할 것 같다. 건물이 어떤
이야기를 담고 있는지, 앞으로 어떤 이야기를 담을지
생각할 것 같다. 우리가 중요하다고 생각하는 이야기를
최대한 남길 것이고, 새로운 이야기를 위해 필요한 것을
최대한 만들 것이다.
유종수 양이 아닌 방법이 중요하다. 어떤 방법으로 어떤 공간을
만들 것인가? 기존 건물의 10%만 남았어도 그게 90%의
가치가 있다면 그 방법이 좋고, 90% 남아야 의미가 있다면
그렇게 하는 것이다.

건축가의 전문성: 기술 숙련보다는 가치 발견
청중A 앞서 "리모델링은 몇 번 했지만 건마다 상황이 달라서
전문가라고 하기 어렵다"고 말해서 궁금해졌다. 그렇다면
건축가로서의 전문성은 어떻게 획득된다고 생각하나? 예를
들어 집장사는 같은 형태의 집을 빠르게 지어 파는 기술을
반복적으로 함으로써 전문성을 획득한다. 코어건축은
다를 것이다. 프로젝트 유형이 다양하고 매번 연구를 해야
하고 많은 시간을 투자해야 하지만, 결국 특정 프로젝트를

반복적으로 경험한 사람에 비해서는 매번 아마추어인
상황에 부닥치게 되는 셈이다. 그런 상황에서 건축가의
전문성은 기술적인 면보다는 건축의 어떤 인문학적
가치에서 있는 것 같기도 하다. 기술 반복을 통해 얻는
전문성에도 관심 있나?

김빈 내 입장을 먼저 말하면, 워낙 모호한 성격이라 그런지
모르겠지만, 둘 다 중요하다. 하나를 고르기는 어렵지만
조금 더 신경 써야 하는 건 가치를 찾고, 사고를 기르는 데
있다. 기술도 중요하지만 이는 열심히 하면 얻을 수 있으니
좋은 방향을 정하는 데 더 노력해야 할 것 같다.

유종수 오히려 전문성이 없어서 다양한 프로젝트를 할 수 있고,
그 분야의 전문가와 만나 그들이 생각 못 한 다른 방향으로
접근할 수 있는 것 같다. 말한 것처럼 우리 역량이 특정
분야의 전문가에 미치지 못할 것이다. 그렇다고 아파트만
계속하고 싶지 않고, 학교만, 벙커만 계속하고 싶지도
않다. (웃음) 우리가 아직 안 해본 것에 관심이 가고
몸이 움직인다. 그렇기 때문에 우리 일을 어떤 분야에 딱
한정하고 싶지 않다. 모든 작업의 바탕에는 우리 건축의
큰 틀이 있다. 그게 오히려 우리의 전문성이다.

아에아

AEA(아에아건축)는 프랑스어 Atelier Espa:ce Architectes
(아틀리에 에스빠스 아키텍트)의 머리글자 조합이다.
'Espace'는 공간 또는 장소라는 뜻이며 이것을 탐구하는
건축가 그룹이라는 뜻으로 지었다. 우리 두 사람은
배병길도시건축연구소에서 함께 실무 경험을 쌓았고, 파리
라빌레트 건축학교에서 석사 졸업 후 파리에서 실무를
이어갔다. 그러던 중 첫 프로젝트였던 경남 사천시 상가주택
H1115-7을 계기로 귀국, 2016년 경남 진주라는 지방도시에
정식으로 사무소를 열었다.

   사무실을 열기 전 1년간 지인의 브랜딩, 인테리어
디자인, 일러스트작가 협업 등의 다양한 일을 하며 지냈다.
그때 우리 임시 작업실이었던 가설 건물에 화재가 나는
바람에 컴퓨터 데이터를 제외하고 작업 자료를 모두
잃었다. 그해 다시 작업 공간을 구하던 중 우연히 만난
진주 청고벽돌집(서가건축이 설계) 2층에 터를 잡게 되었다.
거기서 2018년까지 머물렀고 현재 다른 곳으로 작업실을
옮기는 중이다.

   경남지역에 기반을 두게 된 배경은 사천의 첫 작업을
보고 들어오는 작업 의뢰가 주로 남해, 거제, 대구, 부산,
진주 등의 주변 도시였기 때문이다. 그래서 쉽게 접근할
수 있는 위치가 시작하는 건축가에게는 장점이 될 거로
생각했다. 요즘은 지방에서도 건축문화를 다양한 매체를
통해 쉽게 접할 수 있어서 예전보다 나은 환경일 거라는

기대도 있었다. 또 부산과 대구 등 지방을 거점으로
활발하게 활동하는 여러 건축가가 있어서 더 용기를
얻기도 했다.

　　우리는 주로 대지 주변을 탐색하면서 생각의 출발점이
만드는 편이다. 주변 조건은 늘 좋은 것과 나쁜 것 사이에
있다. 생각이 시작되면 단순한 볼륨의 중첩과 병치, 분리와
교차 등의 조합을 통하여 형태를 탐구한다. 클라이언트의
요구사항, 주어진 프로그램과 관계 등 여러 요소가 기본
볼륨의 생성에 영향을 미친다. 볼륨의 조합은 특별한
개념에 집중하기보다는 작업 과정 속에서 발견되고
다듬어진다. 새로운 관계가 만들어지기도 하고 기존
관계가 깨지기도 하는 등 계속 재설정된다. 각각의 볼륨은
독립적으로 보일 수도 있지만, 서로 이어지고 엮이면서
또 다른 볼륨을 만들어낸다. 이렇게 설정된 볼륨은
내·외부 공간으로 전환된다. 이후 사용 단계에서 재설정될
수 있는 바탕이 되기도 한다.

　　지금은 주로 상가주택 중심으로 작업을 이어가고
있다. 성격이 다른 두 프로그램을 분리하고, 주변과 관계
맺는 과정 속에서 볼륨을 조합하게 된다. 우리는 건축물을
사용하는 이들에게 볼륨의 조합 속에서 넘나드는
움직임을 통한 새로운 경험을 선사하고 싶다.

　　현실의 제약 속에서 볼륨 구성이 매우 단순화되기도
한다. 부족한 예산과 건축주에게 익숙한 관습에 부딪힐

때 우리만의 건축언어나 형태를 강하게 고집하지 않기
때문이다. 그것들도 건축가가 포용해야 할 부분이라고
생각한다. 오히려 결과적으로 대립적이었던 것들이
융화되면서 재미있는 요소로 녹아들기도 한다. 이는 다음
작업 때 우리에게 새로운 가능성을 열어주기도 한다.

　　　사무소를 운영해온 짧은 시간에 비해 많은 시행착오를
겪으면서 많은 현실적인 문제를 겪었다. 우리는 마치
바위틈을 낙차로 뚫고 좁은 협곡을 거칠게 흐르는 물과
같다는 생각이 든다. 지방에서 건축가로 살아남기 위해서는
많은 전략과 노력과 대비가 필요하다. 활동 영역을 한정
짓지 않고 수도권을 벗어나 지방에서 일하는 젊은 건축가가
늘고 있다. 점차 지방도시에서도 다양한 건축문화가
형성되는 토양이 되기 위해서는 여러 지역에서 다양한
작업이 많이 나와야 하고, 궁극적으로 그 시도의 결과가
지방도시에 긍정적인 변화를 만들어줄 것이라고 기대한다.
그래서 우리는 수도권에서 나와 지방도시에 기반을 잡는
것을 고민하는 젊은 건축가들에게 응원을 보내고 싶고,
우리 행보도 그들과 함께하고 싶다.

　　　글 김샛별, 윤성영

<u>인터뷰</u>

앞선 실무 경험에서 얻은 것은?

배병길 도시건축연구소에서 일하는 동안 건축 실무
외에 건축가로서 가져야 할 태도부터 개인의 직업의식에
대해서 배웠다. 실제로 사무실을 열고 현실적인 문제에
휘둘리지 않고 우리만의 소신으로 운영하는 데도 큰
도움이 되고 있다.

이를테면 도면을 대하는 방법, 조경에 쓰는 돌의
생김새 같은 작은 것부터 선을 긋는 자세, 도면의 여백,
옷매무새, 한국 역사와 아름다움에 대한 소중함 같은
것들이다. 습관처럼 몸에 밴 크고 작은 깨우침이 지금의
우리에게 적지 않은 영향을 미친 것 같다. 특히 배병길
선생님은 도면은 치수가 있는 한 폭의 그림으로 보고
레이아웃과 여백, 배치 등을 아주 중요하게 여기며
시공사가 잘 보지 않는다고 해도 최대한 상세하게 설명할
수 있도록 노력해야 한다고 가르쳐 주었다. 우리는 지금도
더 꼼꼼하게 모든 부분을 도면에 표현하려고 애쓰고 있다.

디자인 의도를 관철하는 것은 프로젝트를 이어나갈
에너지가 되기 때문에 중요한 문제다. 시공 여건, 건축비,
건축주 취향 등은 건축가에게는 변명일 뿐이고, 건축물이
서 있는 그대로가 곧 증거라고 배웠다. 그러나 시공
현장은 항상 예측 불가하고 건축가의 의도와는 다르게
다운그레이드되는 일이 반복된다. 우리 스스로 그러한
결과를 성찰하기도 하고, 때로는 이런 마음을 이용당해
건축주에게 휘둘리기도 한다. 우리는 아직 이 많은
변수에 익숙하지 않다.

특기나 지향점이 있다면?

다양한 영역의 사람들과 협업하는 것을 좋아한다. 초기에는
여러 차례 기회가 있었지만, 요즘은 거의 상가주택 설계
의뢰가 대부분이어서 아쉽다. 현재는 주거공간 내의 가구를
제안하는데 신경을 쓰는 편이다. 최근 들어 개인의 취향은
선택을 좌우하는 강력한 힘이고, 한편으로 비용 증감의
중요한 요소다. 프로젝트 중 건축가의 제안이 수용되지
않는 경우도 다반사다. 그러나 우리가 신경 쓴 주거공간은
내부 마감과 조화를 이루고 높이와 폭, 재료, 마감 처리
등이 완성도 측면의 차이를 확연히 드러낸다. 그래서 우리는
조건이 허용하는 범위 안에서 작은 부분까지 제안하고
디자인해서 내부 공간의 완성도에 계속 힘쓸 것이다.

건축가가 인테리어 디자이너의 세밀함과 세련된 감각을
따라가지 못하는 면도 있지만, 주거공간 자체를 구축하는
전 과정을 계획하는 전문가로서 여건만 허락된다면 공간
에디터 역할을 해야 한다고 생각한다. 하지만 건축가가 모든
것을 디자인하고 만들어 내기에는 에너지가 모자라기도
하고 시스템상 힘든 점도 많다. 그래서 가구 디자이너,
컬러리스트, 인테리어 디자이너 같은 전문가와 협업하여
공간을 편집하는 작업을 이어가고 싶다.

구상하는 사무소 조직 형태는?

5명 정도의 소규모 작업실로 유지하고 싶다. 프로젝트가
꾸준하게 있는 것이 아니다 보니 수익 구조가 불분명하다.
아직까지는 우리 두 사람이 각자 잘하는 영역을 맡아
진행하고 있다. 초기에는 현장에서 발생할 사건 사고에
미리 대비하고, 원하지 않는 비용 지출을 막는 것에

사천시 상가주택 ㅁ1115-7의 볼륨과 풍경을 보여주는 아이소메트릭 드로잉

소홀했다. 지금은 일상적인 업무 속에서 늘 사전 대책을 세워 놓는 편이지만, 작은 사무소라는 체계상 여전히 어려운 부분이 많다.

하루하루가 스펙터클한 공사 현장, 일부 건축주의 갑질이 가장 큰 리스크였다. '공사판은 이판사판이니 늘 조심해야 한다'는 어른들의 말에는 틀린 점이 없었고, 지인의 소개만 믿고 접근했던 것이 판단 착오였다. 젊은 건축가는 이런 문제에 휘둘리기 쉽기 때문에 보호장치가 필요하다. 지금은 건축 전문 변호사에게 법률적 조언을 자주 받기도 하고, 큰 회사의 시스템을 참고해 우리 규모에 적용할 수 있는 부분을 조금씩 채워나가고 있다. 그리고 사소한 부분일지라도 매일 기록을 남기는 것도 우리가 할 수 있는 사전 예방책이다.

토론

'공간의 두께'와 볼륨의 의도: 공간 인지와 시각 효과

김상호 발표에서 '켜'를 이야기하면서 '공간의 두께'로 설명했다.

주변 지인들이 아에아 작업은 '켜가 많다'고 이야기하곤

했다는데, 굳이 다시 '공간의 두께'로 설명하는 이유가
있나? 켜나 공간의 두께로 얻으려는 효과는 무엇인가?

김샛별 우리 작업을 보면 창이 모두 외벽의 안쪽으로 마감된
것을 확인할 수 있다. 여기에는 창의 두께에서부터 사람의
시선이 머문다는 생각이 숨어있다. 그 시선 위에 공간이
겹겹이 쌓이는 현상을 '공간의 두께'라는 말로 표현했다.
단순히 레이어(켜)라기보다는 사람이 공간을 인지하는
느낌이랄까. 연속된 공간을 통해 시선은 다시 그 너머를
향하고, 종국에는 외부를 바라보게 된다. 그런 경험을 통해
내가 어떤 도시에 살고 있는지, 시간이 어떻게 흐르는지
느낄 수 있다. 한편, 경남 지역 사람은 뭔가 막힌 답답한 걸
싫어한다는 느낌을 받기도 했다. 그래서 시각적인 연속성을
형성하기 위해 많이 열어서 시야를 트는 목적도 있다.

김상호 듣고 보니 경남 사람에게 그런 성향이 있는 것 같기도
하다. (웃음) '켜'와 '공간의 두께'란 조금 다른 개념인 것을
알겠다. '켜'는 면의 중첩이고, '공간의 두께'는 일정한 폭을
두고 공간이 겹쳐진 것을 디자인하는 것이라고 이해했다.
이로써 풍경이나 시선의 처리를 얻을 수 있겠다.

또 한 가지 키워드가 볼륨이다. 내가 볼 때는 '켜'나
'공간의 두께'와 연관되는 단어 같다. 특히나 '볼륨의
조합'이란 설명을 많이 했는데, 사천 프로젝트의 후면이나
진주 프로젝트에서의 표현은 볼륨보다는 면인 것 같다.
볼륨을 표현하고 싶었던 것 같은데, 볼륨을 더 단순하게
드러낼 수 있는데도 그런 면을 만든 이유는 무엇인가?

윤성영 단순하게 하려고 했지만 상가주택의 특성상 상가 면적을
최대한 확보했다. 용적률을 줄임으로써 법규상의 주차
대수를 줄이고 1층 상가 면적을 크게 확보했다. 이처럼

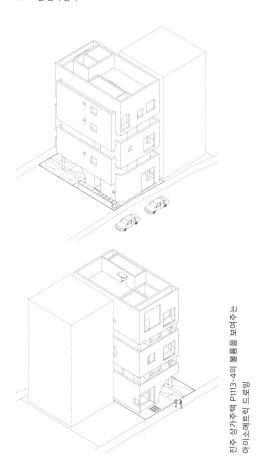

진주 상가주택 P1113-4의 볼륨을 보여주는
아이소메트릭 드로잉

법규의 틀 속에서 최대의 볼륨을 만들어야 한다.
건축주가 요구한 부분도 있었다. 본인의 건물이 이웃한
건물보다 높고 커야 했다. 이때 가벽은 유용한 요소다.
3m 정도 돌출되어 있으니까 남쪽 도로 면에서 보면 다른
건물보다 커 보인다.

지방 건축가라는 자의식이 있나?: 오히려 벗어나고 싶다

박정현 지방에서 작업하는 건축가라는 전제하에 이야기를 이어
　　　왔다. 그런데 작업들을 보면, '서촌에 사무실이 있지만
　　　경남에 프로젝트가 많다'고 해도 아무런 차이를 못 느낄
　　　것 같다. 지금이 그런 시대다. 아키데일리와 디진 같은
　　　웹진에 소개되는 건물을 봐도 한국인지, 스페인인지 모를
　　　상황이다. 그렇다면 역으로 지방에서 활동하는 건축가라는
　　　자의식은 어디에서 생기나? 제주도 정도를 빼면 우리
　　　지방의 특색이랄 것이 없다. 막연하게는 지방 건축이
　　　가능한가 라는 질문도 든다. 두 소장에게 지역 건축가의
　　　정체성이 있는지 묻고 싶다.

윤성영 적어도 내겐 그런 자의식이 없다. 다만, 사무실을
　　　열고 2년 정도의 시간을 보내고 나니 주변에서 그렇게
　　　이야기하더라. 그래서 '내가 지방에서 작업하는구나', '내가
　　　지방에서 활동하는 사람이구나'란 생각이 들었다. 자괴감이
　　　들 때도 더러 있다. 처음에는 지방에 내려와서 다양한
　　　작업을 해보려고 했지만, 한편으로는 지방에서 벗어나고
　　　싶은 생각도 강하게 든다.

김샛별 지방에는 아직 시스템이 미흡해 힘든 부분이 많다.
　　　그래서 지금보다 조금 큰 도시로 옮겨 기반을 잡으면
　　　좋겠다는 생각이다. 우리 SNS를 보고 부산에서 갓 개소한
　　　건축가도 연락이 오고, 진주에서 실무 하는 건축가도
　　　만나게 됐다. 그들과 이야기를 나눠 봤을 때, 지역성이
　　　중요한 건 맞지만 상대적으로 건축문화 자체가 뿌리내리지
　　　못한 상황이기에 젊은 건축가가 건축을 시작하기에 힘든
　　　배경이라는 데 다들 공감했다. 지역마다 특색은 있겠지만,
　　　오히려 그런 성격이 나쁘게 작용하는 경우도 있고, 안 좋게

보이는 경우도 있다. 지역성을 이야기하기에는 시기상조다.

지방 건축의 시장성은?: 초창기와 달리 현재 시장 상황은 침체

박정현 그렇다면 설계사무소의 시장성은 어떤가? 한의대나
신학대 졸업생도 어느 동네에서 한의원을 차릴지, 교회를
차릴지 이야기한다. 지방 건축 시장은 여전히 '집장사'들이
장악하고 있어서 건축가가 아직 제 몫을 다 못 하고 있는
상황 아닌가. 그런 의미에서 블루오션이 될 수 있을까?

김상호 붙여서 질문하면, 처음 아에아건축을 만났을 때 이쪽
지역을 중심으로 작업하겠다고 자신들을 소개한 게
기억난다. 자의식이 없다고 말했지만, 지역에서 건축가로서
작업하겠다는 의지가 있었던 것 같다. '지역성'과 '지역
베이스 활동'을 구분해야겠지만 어쨌든 그 출발은 지역
건축가란 의식이 있었지 않나?

김샛별 그때는 신도시 개발 붐이 한창이던 시기다. 건설 경기
자체가 호황이었기 때문에 어느 정도의 자금을 갖고
집을 짓거나 임대업을 해보려는 사람이 많았다. 그래서
비슷비슷한 건물들 사이에 다른 장면을 꿈꾸는 건축가들이
분명 있었다. 비록 소수지만 기존 건물들의 모습에 갈증을
느끼고 차별화된 디자인을 찾는 건축주도 있었다. 지금은
경기가 침체되었다. 다만, 이런 상황에서 건설로 이익만
추구하는 개발업자가 한번 필터링 되지 않을까도 생각한다.
그리고 시대 흐름에 따른 정책 변화가 필요하다.

윤성영 지금은 블루오션이 되기 어렵다. 시청 공무원들에게
들어보면 건축 허가 건수가 많이 줄었다고 한다. 대출 규제
등 이런저런 제약이 생기면서 시장은 열악해졌다. 적어도
아직은 블루오션이 아니라고 생각한다.

김상호 지방 건축(가)과 서울 건축(가)의 상호 발전적 관계를
　　　어떻게 설정할 수 있을까?

김샛별 비교적 넓은 독자층을 확보한 건축 매체의 역할이
　　　필요하지 않을까 생각한다. 주로 서울의 시점에서 주변을
　　　보며 비교하는 관점이 아니라 지방의 입장에 초점을 맞추는
　　　일도 필요하다. 다시 말해 지방 그대로의 모습을 보여주는
　　　노력이 필요하고, 도시를 형성하는 유형의 요소뿐 아니라
　　　그 속에 있는 무형의 요소까지 같이 소개하는 노력이
　　　많아졌으면 한다. 또 지방 건축가가 서울에서 또는 서울
　　　건축가가 지방에서 다양한 주제로 이야기를 나눌 수 있는
　　　대화의 장이 많아져야 하지 않을까 생각한다.

건축사사무소 몰드프로젝트

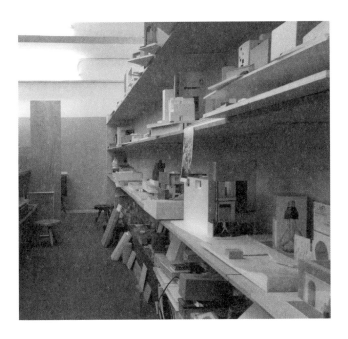

건축사사무소 몰드프로젝트*는 보수적이고 경직된 기존
설계사무소의 운영방식과 다르게 프로젝트의 성격에 따라
유연하게 대처하는 시스템을 지속적으로 실험 중이다.
우리는 외피를 통한 추상적인 표현보다는 장소에서
유래되고 오래도록 감응을 주는 건축물을 추구한다.
도시의 역사, 문화, 예술에 관심을 갖고 고민함으로써
건축적 해법과 장치를 찾으려 한다. 우리는 대지에
조심스럽게 개입하여 겸손한 자세로 일상적인 건축을
추구하며, 섬세한 과정을 통해 건축물의 특성과 분위기를
만드는 것에 큰 관심이 있다.

　　2014년에 서울시 공공건축가에 위촉된 후 소규모
공공프로젝트를 진행하면서 건축가의 역할과 개입이
공공프로젝트의 완성도에 중대한 영향을 미치는 것을
경험하게 되었다. 프로젝트 전반에 세심한 관심을 기울여
완성도 높은 건축 작업을 하고자 한다.

　　글 홍영애, 정영섭

*　　'몰드프로젝트(moldproject)'는 2005년 만든 스튜디오의 명칭이다. 2011년에
　　'건축사사무소 몰드프로젝트'로 사무소의 이름을 변경하여 사용하고 있다.

<u>인터뷰</u>

사무소를 연 계기는?

정영섭 회사에서 일할 때부터 오래 있을 것이라 생각하지
않았다. 직접 디자인하고 싶은 욕구가 강해서 늘 독립을
생각했다. 2005년 회사 동료를 설득해서 같이 스튜디오를
시작했다. 초기 운영의 어려움으로 얼마 지나지 않아
혼자 남게 되었고, 다른 회사들과 협력해가며 여러 일을
이어가던 중에 다른 설계사무소에서 일하고 있던
홍 소장이 건축사 면허를 따면서 자연스럽게 합류하게
되었다. 그때부터 '건축도 하는' 디자인 회사에서 '건축을
하는' 건축사사무소가 시작됐다. 그것이 2011년이다.

홍영애 나중에 합류했지만, 정 소장이 사무소를 꾸려나가는
과정을 옆에서 계속 지켜봤다. 남들은 안정적인 조직에서
선배나 상사로부터 배울 일을, 정 소장은 직접 몸으로
부딪쳐 가며 체득하는 스타일이다. 처음에 스튜디오를
차린다고 했을 때 좀 섣부르다 여겼는데, 잘 해내는 것을
보면서 신기했다.

자신이 존경하는 건축가의 사무소에서 10년, 20년
일해서 그 스타일이나 작업 방식을 사사하여 성장하는
사람도 있지만, 정 소장은 부딪히고, 깨닫고, 성장함을
반복하는 어렵고 힘든 길을 택했다. 다른 말로 하면
누군가의 밑에서 들어가서 배우면서 일하는 것을 거부한
것이다. 그 자체가 건축가로서는 큰 동력이 되기도 했다.

특기나 지향점이 있다면?

정영섭 아직 우리만의 지향점이나 특징이 드러나지 않는
것 같지만, 근본적으로는 대지에서 답을 찾고 주변

맥락 속에서 건축을 만드는 것이다. 사진으로 남는
건축보다는 시간이 지나면서 손때가 자연스럽게 묻어나는
건축을 지향한다. 정돈을 잘 해주는, 튀지 않고 '뒤에
있는' 건축이라고 우리끼리 말한다. 사용자가 들어오는
시점부터는 우리가 만든 건축이 뒤로 물러서서 배경이
되었으면 한다.

멀리서도 한눈에 누가 디자인한 건물인지 알 수
있을 정도로 건축가의 색이 두드러지는 것은 별로 바라지
않는다. 가까이 다가가서 볼 때나 겨우 알아볼 수 있는,
대지에 녹아든 건축을 좋아한다. 존 포슨, 클라우디오
실베스트린, 데이비드 치퍼필드 등의 작업을 좋아했고,
한국에서는 이손건축, 조성룡건축, m.a.r.u.를 좋아했다.

초기에 인테리어 작업을 할 때는 사용자의 여지를
거의 남겨두지 않았다. 작은 마우스 패드까지도 정해주곤
했다. 그때는 스케일 감이나 재료의 물성 같은 것은 익히는
시기였고, 지금과는 다른 성격의 일이었다. 지금은 그때의
섬세함이 좀 약해졌다. 특히 공공건축 일을 많이 하면서
더 거칠어진 것 같다.

최근 자주 언급되는 타이틀과는 무관하게 '골목
건축'이라는 말은 우리의 관심사인 '틈'과도 연관된다.
최근 작고한 플로리안 베이겔이 생전에 했던 인터뷰에서
학교에서 어떤 교육을 하느냐는 질문에 건물과 건물 사이의
틈을 보고 생각하게 한다고 답했다. 그 얘기를 듣고 우리
생각과 비슷하다고 느꼈다.

우리는 예전부터 골목 건축을 해왔다. 도로, 길,
옆집과의 관계를 만드는 건축을 한다. 개인 건물에서도
공적인 공간을 만들 여지를 찾고, 앞골목과 뒷골목

사이에 길을 터주고, 상업시설을 넣어 동선을 유도하는
작업이 재미있다. 그런 것은 건축주 요구사항에는 없지만
우리가 본능적으로 만들어서 제안한다. 근생 건물에서는
건축주에게도 유효한 전략이 되기도 한다.

구상하고 있는 조직 형태는?

정영섭 '몰드프로젝트'라는 이름에 걸맞게 일해볼 생각이다.
초창기 인테리어 현장에서는 작은 '몰드'(곰팡이)들끼리
협업했다면, 앞으로 더 강한 몰드와 연결해서 일해보고
싶다. 일본 SANAA의 방식과 비슷하다. SANAA라는
조직과 각자의 사무소(가즈요 세지마＋류에 니시자와/
SANAA)가 병존하듯이 몰드도 그런 식의 유연한 협업
방식으로 움직여 보려 한다. 파트너가 타 분야 사람이 될
수도 있다. 현상설계도 같이 해보고 싶고, 실제 프로젝트도
같이 해보고 싶다. 진짜 몰드들을 찾아서 더 재미있게,
더 다이나믹하게 일하고 싶다.

<u>포럼</u>

충신동 프로젝트에 참여한 이유: 건축가의 책임감, 우리 성향

김상호 별로 빛도 안 나고 품만 많이 드는 충신동 프로젝트를
하기로 마음먹은 이유는 뭔가?

홍영애 충신동 프로젝트는 서울시 주거환경개선과에서
추진하는 사업이었다. 뉴타운 해제 후 출구 전략을 짜야
하니까 도시 재생이자 동네 활성화 차원에서 시도된
사업이다. 빈집은 많은데 당장 개발하지는 않을 테니
필지를 매입한 뒤 대학로와 가까운 점을 살려 연극인
주거공간을 마련하자는 아이디어였다. 총 3단계로 이뤄진

홍신동 연금인 두레주택 프로젝트 (사진 노경)

사업이며, 우리는 2단계에 참여했다. 이 사업은 공공건축가
풀 안에서 주인을 못 찾고 뱅뱅 돌고 있었다. 일은 많고,
중간에 SH공사도 있고, 금액은 적고, 열심히 해도 티는
안 나고, 신축도 아니고, 여러모로 별로인 일이었다. 우리도
두어 번 거절했는데, 결국 맡았다.

　　일은 많고 돈은 안 되니 공사 현장 소장도 세 번이나
바뀌었다. 힘들어서 다 나가떨어졌다. 우리는 감리를
맡았으니 끝까지 갔다. 그러는 와중에 과업에도 없는
일을 추가로 제안하기도 했다. '우리가 안 하면 누가 해'라는
마음으로 했다. 처음에는 가볍게 발을 들였다가 점점
적극적으로 CG, 모형을 만들면서 설득하며 일했다.
결국 우리 성향인 것 같다.

청중A 충신동 작업을 인상적으로 봤다. 충신동이 어떤 면에서는
　　　정치적으로 방치된 느낌도 든다. 서울시와 SH는 충신동을
　　　어떻게 가꾸겠다는 장기적인 비전이 있나? 아니면 일종의
　　　보여주기식 샘플이 필요한 건가?

홍영애 충신동 일을 하며 장수마을 이야기를 많이 했다.
　　　장수마을은 시에서 주도했다기보다는 주민과 전문가가
　　　먼저 고민을 시작한 경우다. 서울시는 장수마을을 통해
　　　시민들이 마을을 바꿀 수 있다는 것을 알게 된 것 같다.
　　　주민이 살면서 어떻게 마을을 바꾸어나가야 할지 하나의
　　　방향을 본 것이다. 우려되는 부분은 마을 재생 관련
　　　정책이 몇 가지 방식으로 도식화되는 것이다. 장수마을이
　　　절대적인 해법은 아니다. 나는 충신동에 여러 형태의
　　　건축이 일어났으면 한다. 신축도 하고 증축도 하고 동네를
　　　지키면서 얼마든지 할 수 있다. 상황에 맞게 계속 고민해야
　　　할 것이다.

건축가의 목소리: 행정을 이해하고, 좋은 선례 만들기

청중B 서울시 발주로 구에서 진행되는 프로젝트에서 서울시의
　　　역할이 피상적이란 생각을 많이 한다. 생색은 서울시가
　　　내고, 힘든 일은 건축가의 몫이다. 이런 문제에 건축가들이
　　　목소리를 낼 필요도 있다고 생각한다. 많은 경험을 했을
　　　텐데 개선할 방법이 있을까?

홍영애 어쩌면 능글스러워져야 하는지도 모르겠다. 요즘 우리는
　　　계약 전에 과업지시서를 받아 보고 거꾸로 제안한다. 예를
　　　들어, 금액이 과소하면 관련 법을 찾아 이런 항목이 추가될
　　　수 있다는 걸 알려주고 수정을 협의한다. 공공프로젝트
　　　관련 과업지시서와 설계내역서를 지인들과 공유하기도

한다. 우리가 첫 단추를 잘못 끼우면 나쁜 선례가 남는다. 그러지 않겠다는 생각으로 꼼꼼히 따진다. 거절도 좋은 방법이다. 우리가 거절하면 그들은 '아, 이게 적정하지 않구나' 하고 깨닫는다. 그래야 바뀌는 부분도 있으니까.

뒤집어 말하면, 우리는 불합리한 구조 속에서도 열심히 일하고 있다. 어쩌면 어느 정도의 대가만 받으면 그 이상의 결과물을 내는 사람임을 스스로 증명하는 꼴이다. 정 소장이랑 매일 하는 말인데, '우리가 안 하면 안 바뀐다'. 현재 상황을 개선하기 위해 우리보다 더 큰 노력을 하는 사무소도 있다.

정영섭 어떨 땐 오히려 주무관이 '이거 어떻게 해야 하나' 하고 우리에게 묻는다. 담당자가 잘 모를 때도 있다. 한 명의 담당자가 너무 많은 사업을 맡기 때문에 모두를 꼼꼼하게 관리하기가 어렵다. 게다가 원칙, 법칙이 없으니까 혼란이 가중된다. 현장 상황에 맞는 견적이 나와야 하는데, 그저 비슷한 규모의 건물이라고 앞선 사례의 방식을 복사해서 붙여넣기로 하는 경우가 대다수다.

청중C 목소리를 내는 것보다 설계자가 자신의 권리를 잘 알고 있어야 한다. 은근히 묻어서 오는 용역이 있다. 건축가가 해야 할 일이 어디까지고, 용역비는 어느 정도고, 할 일과 하지 않아도 될 일을 명확하게 알고 있어야 담당자도 이해한다. 그리고 합당한 근거를 제시하면 상대방도 대부분 이해한다. 그들도 우리에게 돈 조금 주고 일을 많이 시키고 싶어서 그러는 건 아니라고 생각한다. 담당 공무원은 근거만 있으면 된다. 그래서 건축가들이 서로 정보 공유를 잘하는 게 무엇보다 중요한 것 같다.

주무관 평균 나이가 점점 내려가면서 옛날과 사뭇

달라지기도 했다. 예전에 허가권을 쥐고 있던 사람은
뭔가를 뜯어 보겠다는 생각이 눈에 서려 있었는데,
요즘 젊은 주무관들은 매뉴얼을 지키고 근거가 있으면
다 도와주려고 한다. 점점 좋아지고 있다. 이런 변화를
끌어내리려면 우리 건축가가 준비되어 있어야 한다.

홍영애 나는 건축가라면 당연히 공공프로젝트를 해야 한다고
생각한다. 우리 프로젝트를 살펴보면 민간 프로젝트가
반, 공공 프로젝트가 반 정도다. 어떨 때는 공공프로젝트
지수가 올라가기도 한다. 어떤 사무소는 공공 일만 하고,
어떤 사무소는 개인 일만 하는데, 나는 균형이 잡혀야
한다고 본다. 우리는 민간 일을 하면서 건축주에게 공공적
가치를 설득하고, 공공 일을 하면서 개인 건축주 대하듯
진지한 태도로 세심한 가치까지 전달하기 위해 고민한다.
젊은 건축가들이 공공 프로젝트에 관심을 두면 좋겠다.

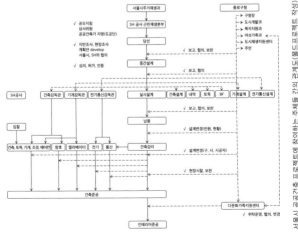

서울시 공공건축 프로젝트에 참여하는 주체들 간의 관계를(멜드로 미 프로젝트 작성)

상계백사마을 주거 재생 머물 형 소거동

공공건축가제도: 불합리하지만 필요하다

박정현 두 소장에게 적절한 질문인지 잘 모르겠지만 공공
    프로젝트를 오늘 이 자리에 들고 왔으니 묻겠다. 서울시
    공공건축가 제도에 대해서는 어떻게 생각하나? 잠깐 정보를
    찾아보니 서울시 공공건축가 제도는 2012년에 생겼고
    2014년 승효상 총괄건축가 위촉 이후 여기에 본격적으로
    힘이 실렸다. 올해 신진 건축가 팀에 127팀이 지원해
    33팀이 선정됐다. 4:1 정도의 경쟁이다. 공공건축가 풀에
    들어가야 공공프로젝트를 할 수 있다. 신진 건축가는 45세
    이하로 제한되어 있고, 10명 정도의 MP는 거의 대학교수로
    구성되어 있다. 젊은건축가상도 45세까지로 나이 제한을
    두는데 공공프로젝트에 가산점이 있는 것 같기도 하다.
    그런데 20년 전만 해도 김석철, 김태수 등 45세 건축가가
    어마어마한 국가프로젝트를 맡았던 것을 생각하면, 어떤
    면에서는 젊은 건축가에게 작은 프로젝트만 주는 제도가

돼버린 것 같다는 생각도 든다.

정영섭 공공건축가는 소규모 공공건축물에 지원, 참여할 수
있고, 큰 프로젝트를 하려면 일반 공모에 응모하면 된다.
공공건축가 제도는 필요하다고 생각한다. 공공건축가
개념 자체가 서울시에만 있는 것도 아니다. 역사적으로
오래된 제도로 여러 국가에서 보편화 되어 있는 것으로
안다. 서울시의 공공건축가 제도는 납득하기 어려운
부분도 있고, 잘 안 맞춰진 퍼즐 같다는 느낌이 들긴 한다.
아마도 시간과 여러 형태의 경험을 통해서 조금씩
성장하리라고 본다.

홍영애 사무소를 처음 개소한 친구에게는 무조건 공공건축가에
지원하라고 말한다. 어쨌든 다양한 일을 할 기회가 열리기

공사 중인 공릉지하사거리

때문이다. 불합리한 부분이 분명히 있다. 그렇지만 지금
　　상황에서는 적어도 새로운 프로젝트를 만날 좋은 경로라고
　　생각한다.

정영섭 프로젝트가 작고 용역비도 넉넉하지 않지만, 설계자
　　입장에서 봤을 때 흥미로운 구석이 많다. 희한한 땅 모양과
　　주변 상황들이 정말 각양각색이다. 공공건축가를 하자고
　　주변에 권하는 이유도 그 때문이다. 개인 클라이언트의
　　프로젝트에서는 경험하기 쉽지 않은 일을 경험할 수 있다.

사이트 외부와의 관계: 건물 디자인보다 사이트 정리

김상호 유독 공공프로젝트가 많아서 그렇게 느꼈을 수도
　　있지만, 오늘 발표에서 길, 외부 환경, 건물과의 관계,
　　접근성에 대한 고민이 많았다. 다른 민간 프로젝트에서도
　　접근을 이렇게 하는 편인가?

정영섭 우리가 하는 장소가 그렇다. 민간 프로젝트도 그렇고
　　공공 프로젝트도 그렇고 주변 환경과 복잡하게 얽혀 있다.
　　그래서 이렇게 풀지 않으면 힘든 땅이 많다. 건물 형태를
　　잡기 위해서라도 주변 상황을 고려하면서 시작해야 한다.

김상호 뜻하지 않게 그런 프로젝트를 많이 맡은 건가?

홍영애 아니다. 우리가 그렇게 만든다. 민간 건축주에게 안을
　　어필할 때도 이렇게 말한다. '이렇게, 이렇게 연결하면,
　　이런 게 좋아진다'는 식으로. 다양한 연결에 관심이 많다.

정영섭 우리가 만든 건물이 디자인적으로 읽히는지 모르겠지만
　　우리는 디자인을 한다고 생각하지 않고 정리를 한다고
　　생각한다. 건축주가 땅을 가져다주면 우리는 그를 위한
　　일을 하지만, 한구석에서는 의뢰한 내용과 무관하게 연결을
　　통해 건축을 만든다.

보편적인건축사사무소

'어느 건축가가 설계한 건물에서 살고 있나요?'라는 물음에
돌아오는 답은, 모르거나 아파트 건설사 이름이
대부분이다. 문득 이런 현실에 의문을 가지게 되었다.
지금 살고, 일하는 공간을 계획한 건축가를 아는 사람이
거의 없는 현실 말이다. 보편적인건축사사무소는 건축과
공간 전문가로서 사람들에게 친밀하게 다가가기 위해
기억하고 부르기 쉬운 이름으로 2013년 문을 열었다.
현재는 아내인 황은 소장이 합류해 함께 운영하고 있다.
        보편적인건축사사무소의 줄임말 '보.건.소'는 보건소를
가듯 건축가를 찾는 발걸음을 부담 없이 유도하기 위해
의도한 것이기도 하다. 그 발걸음 대부분 설계의뢰를
처음하는 사람들의 것이다. 사무소 이름에는 소수의
사람만 누리는 설계하고 건축하는 즐거움을 여러 사람과
공유해 나가고 싶은 뜻도 담겨 있다.
보편적인건축사사무소의 작업은 존재해야만 하는 건축에
편견 없이 긍정의 가치와 새로운 가능성을 더할 기회를
만들어가는 과정이다. 주변에서 쉽게 볼 수 있는 환경과
공간을 염두에 두기도 하지만, 그동안 건축가의 관심
테두리 밖에 있던 요소가 작업 대상이 되기도 한다.
심지어 건축이라는 이름표를 얻지 못한 어떤 공간적
요소(최근 생활 SOC 사업과 관련한 내용)일 수도 있다.
        계획 과정도 마찬가지다. 변화하는 건축의 위상,
건물의 수명, 새롭게 등장하는 스페이스 프로그램과

이로 인한 공간의 전용에 대응하기 위한 기본 전제는
긍정을 품은 유연함이다. 이를 위해 건축 재료의 일반적
사용과 결구에 의문을 던지고, 계속 달라지는 미적 기준과
가치들 속에서 긍정적인 쓰임새의 가능성을 엿보고
있다. (그 가능성은 현장 프로세스와 시공 방법에 대한
이해가 깊어질수록 더욱 커진다.) 우리는 변화하는 가치를
반영하는 유연한 건축을 위해 건축 전 과정을 다양한
관점에서 탐구하고, 이를 바탕으로 그동안 건축에서
보편적이라 여겨온 것의 범주를 확장하고자 한다.
일상적으로 만나는 공간을 이용하는 사람들이 자신을
둘러싸고 있는 분위기와 요소를 인식하고 그것에 공감
혹은 의문을 가져보기를 바란다. 공간을 느끼고, 건축을
이야기하고, 건축가의 의도를 궁금해하고, 그가 누구인지
찾아보는, 공간에 대한 개인의 취향이 생겼으면 한다.
개개인의 경험에 세월이 쌓이면 공감대를 형성하고
보편성을 지니게 되는 것처럼, 우리 작업이 구체적인 건축
요소들을 바탕으로 개념화되어 가는 것을 의식하고 있다.
한편으로는 광고나 홍보 대상물이 되는 것을 경계한다.
전체를 이루는 부분의 가치에 주목하면서 건축의
사회적인 역할을 고민하기 때문이다.
    우리는 보편적 가치들을 비판적으로 탐구하여 현재
상황과 여건에 따라 그 유효성을 살핀다. 프로젝트들의
진행 과정에서 우리 손을 거친 계획적 접근과 구현

방법의 일부가 건축의 보편적 가치의 범위를 넓히는 데
일조했으면 한다. 그리고 우리가 한 것이 보편적인 건축이
된다면, 우리는 또 다른 가치의 보편성을 추구할 것이다.
건축에 있어 보편의 범주를 계속 확대하는 일, 그것이
보편적인건축사사무소의 작업이었으면 한다.

　글 전상규

<u>인터뷰</u>

앞선 실무 경험에서 얻은 것은?

전상규 사무실에 소속되어 일하면서도 나만의 색깔을
　　　잃어버리지 않으려고 의식했던 것 같다. 특히 전 직장은
　　　스터디의 양이 적지 않고, 그에 비례해 요구사항도 상당히
　　　많았다. 눈앞에 닥친 일을 쳐내기 위해 끌려가다 보면 어느
　　　순간 디자인에 대한 비판적인 의식이 점점 무뎌지는 느낌이
　　　들었다. 그래서 더 의식적으로 내가 다르게 생각하는
　　　지점을 놓치지 않으려 했다.

　　　　　한편, 작업을 하다 보면 수시로 벽에 부딪힌다. 그럴
　　　때면 이따금 '만약 이럴 때 소장님은 내게 어떤 이야기를
　　　했을까?'라는 생각을 한다. 그 사고방식을 그대로 가져올
　　　순 없지만, 신선한 자극이 필요할 때 스스로 그런 질문을
　　　던지곤 한다.

황은 매스스터디스 출신 사람들은 그 사무실에 대한 질문을
　　　많이 받는다. 왜 그럴까 생각해보면, 당시 조민석 소장님은
　　　건축계에서 독보적인 사람이었고, 그 이유만으로 능력 있는
　　　건축학도들이 매스스터디스에서 일하고 싶어 했다.
　　　그래서 그곳에서 어떤 능력을 배양했다기보다
　　　이미 그런 소양을 갖춘 사람들이 거기서 일했고, 지금도
　　　그런 이들이 잘하고 있는 거라고 생각한다. 원래 자기가
　　　갖고 있던 역량을 잘 발휘하고 있는 거다. 내가 보기에는
　　　매스스터디스 출신들이 공유하고 있는 어떤 디자인 철학이
　　　있는 것 같지는 않다. 오히려 외부 사람들이 여기에 대해
　　　너무 의미를 부여하려고 하는 것 같다.

사무소를 연 계기는?

전상규 처음부터 막연하게나마 생각하고 있었다. 당시 우리
또래는 마흔 전에 독립한다는 목표를 갖고 있는 경우가
많았다. 내 건축적 관점이 일반 대중에게 과연 받아들여질
수 있을지 시험해보고 싶은 생각이 늘 있었다. 다니던
회사가 어려워지면서 시점이 생각보다 조금 앞당겨지긴
했지만, 결국 언제가 됐든 독립했을 것이다. 사무실을 열기
위해 갖춰야겠다고 생각했던 조건 중에 가장 중요했던 것은
수주 능력이었다.

황은 내가 안 말렸으면 전 소장은 더 일찍 개소했을 거다. 다른
사람들을 보면 보통 사무소에서 일하다가 어떤 계기로
건축주와 관계를 맺게 되고 확실한 목표가 생겼을 때
독립하는데, 그런 조건이 안 갖춰진 상태에서 독립한다고
해서 몇 년을 말렸다.

특기나 지향점이 있다면?

전상규 재료를 다양하게 적용해보려는 시도를 특기로 볼 수도
있겠다. 여태껏 써온 재료를 조금 더 다양한 측면에서
활용하는 데 큰 노력을 들인다. 그게 우리 장점 중 하나인
것 같다. 아무리 작은 요소라도 여태껏 해보지 않은
무언가가 있어야 프로젝트가 재밌어지는 것 같다.

　　　그리고 지향점이라고 할 수 있을지는 모르겠지만,
작업이 너무 무겁거나 딱딱하지 않았으면 하는 생각이
있다. 물론 실용적인 측면이 더 중요하지만, 그 안에서
아무리 소소한 지점이라도 위트를 담고 싶다.

황은 한번은 빨래 건조대를 난간에 일체형으로 설치하겠다고
해서 반대했는데 전 소장은 끝까지 그렇게 하고 싶다며

밀고 나갔다. 나는 가리려고 하는 부분을 전 소장은 오히려
재미있게 드러내서 개성으로 만드는 경향이 있다. 처음에는
억지스러워 보이던 부분들이 나중에는 오히려 건물의
시그니처가 되는 경우가 많았다.

구상하고 있는 조직 형태는?

전상규 조직의 운영과 관련해서 막연하게 고민하고 있는 것
　　　중 하나는 전문 경영인이다. 사무실이 어느 정도 규모가
　　　되면 전문 경영인을 둘 수 있을지 종종 생각한다. 사무실
　　　규모가 작아도 운영에 들어가는 노력은 실무 못지않은데,
　　　우리는 사실 경영을 잘 모른다. 그래서 CEO 역할을 할
　　　사람을 파트너로 삼을 생각도 있다. 주변에 경영을 전공한
　　　지인도 있어 가끔 조언을 받는다. 그 조언에 따라 분기별,
　　　반기별, 연도별로 사무실 경영 상태를 내부에서 공유하는
　　　자리를 갖는다. 상당히 도움이 된다. 전문 경영인을 들이는
　　　생각을 할 때 한편으로는 우려되는 면도 있다. 우리가 가치
　　　있다고 생각하는 일은 매우 효율이 낮고 생산성이 떨어지는
　　　방법으로 치부될 수도 있다.

황은 기존 방식으로 설계사무소를 운영하는 시대는 이미
　　　끝에 다다랐다. 여러 전문 분야 사람들과 협력하는
　　　방식으로 살아남을 수 있을지 요즘 고민을 많이 한다.
　　　벌써 기성세대가 된 것처럼 들리겠지만, 우리도 새로
　　　배출되는 신인 건축가와 계속 경쟁해야 한다. 어떻게 그들과
　　　차별화하면서 살아남을 수 있을지가 가장 큰 고민이다.
　　　작업의 깊이와 영역의 확장 사이에서 균형점을 찾는 것이
　　　중요한 시기가 되었다.

역삼동 근린생활시설 나플나플이 입면 디자인을 위한
폴리카보네이트 패널 시제작

토론

인테리어 디자인: 유연한 재료 사용 방식

김상호 초기작에는 인테리어 작업도 꽤 많은데 인테리어에
    능력이 있는 편인가?

전상규 안 쓰던 근육을 쓰는 느낌이다. 계속 기회가 오길
    바라고 있다. 인테리어 디자이너와 건축가는 재료를
    다루는 방법이 다르다. 편견일지 모르겠지만, 건축가는
    건축적 요소를 통해 인테리어를 완성하는 편이고 치장에
    서투르다. 인테리어 하는 사람은 재료를 사용하는 방식이
    유연하다. 나는 그렇게 재료를 쓰는 방식을 주저하게
    되지만, 익히고 싶은 감각이다.

젊은건축가상 지원동기: 국내파의 가능성, 좋은 스태프 모집

박정현 두 번째 탐색 시리즈 건축가 중에 가장 건축 작업이
　　　많은 것 같다. 보.건.소.가 건축 시장에서 인정받았다고 볼
　　　수도 있다. 그런 측면에서 젊은건축가상을 어떤 동기로
　　　지원했는지 궁금하다. 프로젝트가 없는 건축가라면
　　　인지도를 높이기 위해서 도전할 것 같은데 보.건.소.는 그럴
　　　필요는 없었을 것 같다.

전상규 젊은건축가상은 건축가의 신인상 같다. 나이 제한이
　　　있으므로 시기를 지나면 받을 수 없다. 건축가의 젊음을
　　　규정해주는 상이랄까? (웃음) 한편으로는 국내에서
　　　교육받고 실무를 거쳐 독립한 사람으로 후학들에게 어떤
　　　가능성을 보여주고 싶은 생각도 있다. 회사 차원에서 보면,
　　　프로젝트 수주를 기대하기보다 좋은 친구들이랑 함께 일할
　　　기회를 넓히고 싶다는 생각이 크다.

보.건.소.의 지향점: 보편의 의미를 돌파해야

청중A 보.건.소.만의 지향점은 무엇일까? 사실 오늘 발표에서는
　　　건축주의 의지가 보여주는 맥락만 보였다. 이제 하나의
　　　지향점을 생각할 시점 아닌가 한다. '보편적인' 것을
　　　만든다는 건 굉장히 선언적이다. 내 작업이 보편적일 수
　　　있게 만들겠다는 메시지일 수도 있겠다.

전상규 자주 받는 질문인데, 실은 아직 답을 내리지 못했다.
　　　이름을 너무 쉽게 지었다는 생각이 들기도 한다. (웃음)
　　　요즘 생각의 지평이 좀처럼 넓어지지 않더라. 『공간』에
　　　실린 깍지집 비평 글에서 천경환 소장이 내 두서없는 말을
　　　잘 정리해줬다. 대략 옮기면, '재료에 대한 고민, 쓰임새,
　　　상가 건물에서의 건축적 의도 같은 것들이 이제는 흔해

어기친 매장 인테리어 디자인

빠진 보편의 영역으로 들어오면 좋겠다'고 했다. 그런 의미
부여를 해볼 수 있을 것 같다. 과거부터 쌓여온 어떤 것에
대해 쓰는 '보편'이란 의미를 어쩌면 미래로 확장하고 싶다.

청중A 만약 강남역 인근 프로젝트에서 보이는 크고 우람한
덩치를 보편화하는 것이라면 나는 개인적으로 그건
아니라고 하고 싶다. 발표 때 말한 '골조의 엄정한 질서'도
이미 건축에서 보편적이다. 그래서 보.건.소.가 어떤
것을 지향하려고 하는지 아직 잘 모르겠다. 그 돌파는
건축가의 몫이다.

김상호 주어진 조건에 의해 생기는 보편성이 아니라
보.건.소.가 스스로 만들어가는 보편성에 대한 생각이
더 필요할 것 같다.

전상규 그 의미를 이제 상쇄해야 하는 시점에 온 것 같다.
누군가와 대화하다 보면 항상 끝에는 이 질문이다. 아직
진전이 잘 안 된다. 그래서 보편적인건축사사무소 이름을
방탄소년단을 BTS로 부르는 것처럼 BPGA로 바꿀까도
생각했다. (웃음) 의미는 사라지고 기호만 남으니까 오히려
작업하는데 자유로울 수 있겠다는 생각이 들었다.

청중B 건축가만의 아젠다가 꼭 필요할까? 오늘 발표를
들으면서 보.건.소.는 주어진 요구사항, 조건을 잘
해석하고, 시장에서 경쟁력을 갖춘 사무소라는 것이
느껴졌다. 복잡한 설계 과정을 즐기는 에너지도 느꼈다.
우리 또래 건축가와 비교했을 때 다수의 프로젝트를
완수했고, 직원 수도 적지 않다. 지금 같은 작업 방식
자체가 아젠다가 될 수도 있지 않을까?

임진영 임재용 소장의 주유소 연작이나 김승회 교수의 보건소
연작처럼 같은 프로그램을 반복하면서 건축가 스스로
만드는 질서, 언어가 있지 않은가. '이런 프로그램의 성격은
이러므로 건축가는 이렇게 대응한다'라는 건축가의 언어,
태도를 듣고 싶다. 지금 작업들만으로도 흥미롭지만,

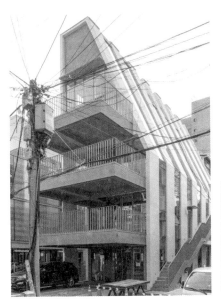

보건소와 유사한 시설인 근로복지공단

미래를 위해 한 번쯤 정리해봐도 좋겠다는 기대감이 든다.

전상규 고민하고 있지만 아직 정리가 잘 안 됐다. 말한 것처럼 고민할 필요가 없는 문제일 수도 있고, 여러모로 생각 중이다.

청중A 앞으로 나아갈 맵이 필요하다. 반드시 이름이랑 연결되지 않아도 되지만, 그런 맵이 없으면 계속 사막을 걷는 느낌을 받을 것 같아서 한 말이다.

전상규 개개 프로젝트가 아닌 사무소 이름을 내건 자리는 처음이라 모든 프로젝트를 한번 드러내 보았다. 이번 발표를 위해 지난 작업을 좀 더 객관적인 입장에서 정리하다 보니까 내가 어떤 문제에 대응하는 방식들 사이에 어떤 유사성이 있는 지점을 발견했다. 하지만 아직 꼬챙이에 끼우듯이 모든 프로젝트를 관통하는 것을 찾긴 어렵다.

임진영 꼬챙이가 여러 개여도 좋다. 저마다 이름을 붙이면 된다.

구보건축

구보건축 2.0

구보건축은 2015년 12월 주택 설계를 의뢰받으면서 업무를
　　시작했다. 2003년에 우리 두 사람이 각각 이로재와
　　서울건축에서 첫 직장 생활을 시작한 지 13년 만에 자신의
　　아틀리에를 열었다. 어떤 조직의 회사를 만들어갈 것인지,
　　어떤 비전으로 운영할 것인지, 어떤 디자인의 집을 지어나갈
　　것인지에 이르기까지 오랜 시간 고민했지만, 뚜렷한 답을
　　찾지 못한 채 많은 질문을 안고 출발했다.
　　　　구보건축의 이름은 소설 「소설가 구보 씨의 일일」에서
　　왔다. 소설 속 주인공 구보는 도시를 배회하며 평범한
　　소시민의 시선으로 도시를 구경하고 경험한다. 자본주의에
　　길든 우리에게는 언뜻 하릴없는 잉여 인간 같아 보이기도
　　한다. 2019년 지금 한국 사회는 자기계발, 생계유지 등으로
　　빡빡하게 짜여 조금의 틈도 허락하지 않는다. 기술과
　　자본이 과잉된 시대에 적절함과 합리에 기반한 작업을
　　추구하며, 생태, 연대, 느림, 인간이라는 키워드를 존중하는
　　회사를 만들고 싶다. 건축설계는 노동집약적 성격이 강해서
　　야근과 박봉이 만연한 직종이다. 지속 가능한 업무 환경을
　　조성하려면 어떻게 해야 하는지 고민했고, 지금도 주요한
　　숙제 중 하나다.
　　　　빨리 가다가 지쳐서 포기하지 말고, 즐겁게, 천천히,
　　오래, 꾸준하게 일하자는 마음으로 시작했다. 개소 후 3년
　　중 1년은 임산부로, 1년은 육아와 일을 병행하며 보냈다.

최선을 다했지만, 아이가 없을 때 보다 일의 밀도가
떨어지는 것을 인정하고, 이전과 다르게 새로운 방식으로
일하는 것을 배우는 기간이었다. 그러는 사이 한국
건축사를 취득했고, 한 해 3-4개의 공모전을 제출했고,
동시에 도시건축 관련 연구용역, 인테리어 설계 등의
작은 프로젝트도 했다. 아직 정식으로 완공된 건물은
보지 못한, 소위 '등단'을 기다리는 건축가다.

포트폴리오 없는 신인 건축가에게 일이 제 발로
굴러들어 올 리는 없다. 현상설계에 응모하거나 드는 품에
비해 용역비가 턱없이 작은 일을 쫓아다닐 수밖에 없었다.
그렇게 발을 들인 공공건축 발주 시스템은 한국 건축계
초보에게는 통과하기 힘든 장벽이었다. 꿈꾸고 상상해온
이미지와는 다르게 현장 여건, 행정절차, 관련 당사자들의
의견 충돌 등으로 인해 결과물은 설계자의 의도를
알아보기 힘든 지경으로 너덜너덜하게 변형되었다.
거기엔 그간의 고통스러운 시간이 묻어난다. 건축가로서
마땅히 갖춰야 할 전문성에 대한 회의, 우리 능력에
대한 반성, 한국 건축 산업 시스템에 대한 불만으로
가득했다. 때로 주위를 둘러보면 좋은 설계를 하는 능력
있는 건축가가 많다. 똑같은 시스템과 환경 위에서도
좋은 결과물을 만들어내는 사람들을 보며 우리 작업을
되돌아봤다. 우리가 믿는 바를 꾸준하게 작업으로
이어가는 것이 지금 우리가 할 수 있는 최선이라

생각하면서 지친 마음을 다잡는다.

　구보의 시작을 함께했던 원년 멤버 두 사람이 퇴사를 앞두고 있다. 보내는 사람의 마음은 아쉽기만 하고 오래도록 함께하고 싶지만, 새로운 기회를 경험하기 위해 떠나는 직원들의 앞길에 좋은 일들이 기다리고 있기를 바라며, 즐겁지만 고됐던 구보건축 1.0을 만들어 준 데 감사의 마음을 보낸다.

　올겨울은 구보건축이 새로운 단계로 옮겨가는 중요한 계절이 될 것 같다. 겨울이 지나면 지난 몇 년간 악전고투 속에 그려왔던 도면들이 하나, 둘 실체가 되어 땅 위에 서게 된다. 그러면서 구보건축 2.0을 맞이하게 된다. 다음 스테이지를 준비하며 새로운 구보의 건축가를 만나기 위한 인터뷰를 겨우내 신중하게 진행했다. 설레고 긴장되는 과정이었다. 지난 3년의 시간과 경험이 사라지지 않고 어딘가에 내실로 쌓여있으리라 생각한다. 더 흥미로운 일들이 기다리고 있을 2019년의 구보건축 2.0을 즐거운 마음으로 마주하고 싶다.

　글 조윤희

인터뷰

사무소를 연 계기는?

조윤희 사무소를 열겠다는 생각은 늘 있었다. 이로재에서 3년
일하다가 미국으로 유학을 갔고, 대학원 졸업 후 미국
설계사무소에서 3년 정도 일했다. 그때쯤부터 사무소를
열 때가 된 것 같다는 생각이 들었다. 부딪혀 보면 어떻게든
헤쳐나갈 수 있겠다는 느낌이 들었다. 그전에는 아직 더
배워야 한다는 강박증 같은 게 있었다. 항상 완벽하게
준비한 후에 자기 것을 시작해야 한다는 생각이 있었는데,
그게 아니라는 것을 깨닫는 데 10년이 걸렸다. 다들 잘
모르는 상태에서 시작해서 이리저리 부딪혀 가면서 만들어
간다는 걸 알게 되니 겁없이 시작하게 되었다.

홍지학 직원으로서 프로젝트를 하다 보면 이 경험이 나에게
쌓이는 게 아니라 손에서 빠져나가는 느낌이 들었다. 우리
경험을 쌓아가는 데 시간을 보내고 싶은데, 다른 사람
밑에서 일할 때는 쌓이는 느낌이 없이 계속 처음으로
돌아가는 것 같다는 이야기를 둘이서 많이 했었다. 우리
안에 쌓이는 경험을 만들고 싶었던 것도 사무실을 열게 된
중요한 계기였다.

조윤희 그런데 막상 한국에 와서 사무실을 여니 생각했던
것보다 더 힘들었다. 우리는 한국에서 계속 일을 하다가
개업을 한 게 아니었다. 이로재에서 일했던 때로부터
10년도 더 지났다. 그사이 한국도 많이 변했고, 네트워크도
없었다. 사소한 것 하나도 처음부터 다 찾아야 했다. 모든
걸 내가 알아서 해야 하는 상황이다 보니 매 순간 맨땅에
헤딩하는 기분이었다.

　　　　처음 관공서의 일을 했을 때는 행정 절차가 너무

낯설었다. 익히는 과정에서 실수와 시행착오가 많았다. 직원들도 고생을 많이 했다. 다른 사무소라면 소장이 가이드를 줄 텐데 나는 인허가조차 처음 해보는 거였다. 옛날에는 세움터*라는 것도 없었다. 그때는 도면은 CD로, 보고서는 출력물로 제출하던 시절이다. 모든 새로운 시스템을 익히느라 어려움이 많았다.

특기나 지향점이 있다면?

홍지학 합리적인 건물을 짓는 거다. 예를 들어 지붕 배수관이 보기 싫다고 해서 과도한 디테일로 감추려면 실용적인 측면에서는 문제가 생길 수 있다. 그런 과도한 디자인은 지양하려고 한다. 실용주의라고나 할까? 건축물의 기능상 필수적인 것들을 드러내면서도 보기에도 자연스러운 디자인, 그것이 우리의 큰 지향점인 것 같다.

조윤희 단순히 필요에 의해서만 결정되는 것과 건축가의 손을 거친 결과물은 분명히 다르다. 하지만 건축가의 자의식이 과잉되어 건물이 예술작품이 돼버리는 것은 건강하지 못한 것 같다. 그래서 우리는 너무 아름다운 건물보다는 합리적이고 자연스러운 건물을 추구하고 싶다.

그걸 이루기 위해서는 한국 건축의 시스템에 대한 경험을 충분히 쌓아서 그것이 어떻게 작동하는지 먼저 이해해야 한다. 즉, 예측을 잘할 수 있어야 한다. 거기에는 관공서의 시스템도 포함된다. 의도는 좋았는데 현실적으로 반영이 안 되니까 안 좋은 결과물이 나오곤 한다. 예측을

---

*   건축행정업무의 전산화 시스템으로 건축, 주택, 건축물대장, 사업자 업무 등을 전산화하여 행정업무를 처리한다.

충분히 할 수 있으면 시스템 안에서 최선의 결과물을
끌어낼 방법을 찾을 수 있고, 우리도 효율적으로 일을
할 수 있다.

홍지학 우리가 지향하는 건 100%까지는 아니더라도 70-80%
정도는 미리 중간 변수들을 예상해서 디자인을 하고
물 흐르듯 실현 과정으로 이어가는 것이다. 물론 아직
그 단계에는 이르지 못했고, 앞으로도 이상적인 지향점에
가까울 것 같다.

부딪히는 제도적 문제가 있다면?

홍지학 요즘은 제도가 문제가 아니라는 생각을 한다.
제도상으로는 좋은 부분이 많다. 제도로 안 되는 부분이
있는 거다. 조직의 생리, 내부 구성원, 관행, 오랫동안
굳어져온 생각 탓이 더 큰 것 같다.

유럽의 좋은 건물들이 과연 좋은 제도 때문에
탄생한 걸까? 그보다는 사람들이 공유하고 있는 합의된
가치관이나 문화 때문일 것이다. 우리에겐 그런 것이 여전히
부족하다. 단순히 건축에 대한 관심이 아니라 어떤 일을
처리할 때 뭐가 중요한지에 대해 공유하는 생각이 달라져야
한다. 제도적 결정권을 쥐고 있는 공공기관 상부에
있는 사람들의 생각이 굳어 있다. 이런 상황에서 제도
개선만으로는 뭔가 더 해결될 것 같지는 않다.

조윤희 한편 우리나라 건축 제도는 기본적으로 사람이 모두
나쁘다고 전제하고 있다. 나쁜 사람이 잘못을 저지르는
것을 방지하는 데 초점을 맞추고 있다. 내가 나쁜 사람이
아니라는 걸 증명해야 하는 절차가 너무 많다. 그래서
좋은 건물을 만들려고 의욕 있게 시작한 일도 행정

절차를 밟아나가다 보면 어느새 진이 **빠지고** 설계안은
너덜너덜해진다. 결국 이도 저도 아닌 상태의 결과물이
나온다. 중학교 강당 프로젝트가 이를 여실히 보여줬다.

홍지학 신뢰가 없다는 게 정말 큰 문제다. 공공건축이
그렇게밖에 나오지 못하는 건 서로를 믿을 수가 없다는
이유가 큰 것 같다. 그런데 사람을 못 믿게 할 만한 일들이
마구 일어났기 때문에 이 지경이 된 것이기도 하다. 그래서
어려운 문제다. 신뢰 사회를 구축해야 하는데 신뢰할 수
없게 만드는 일들이 계속해서 일어나니까.

토론

신명중학교 프로젝트의 한계: 안전율을 정한 가이드 필요

조윤희 학교 설계를 하면서 관계자들이 안전에 굉장히
예민하다는 사실을 알았다. 건축가로서 어디까지를
수용하고 얼마나 새로운 것을 제시할 수 있을지
혼란스러웠다. 펜던트 등도 하나 못 썼다. 아이들이 줄넘기
줄을 조명에 걸어 떼버린다고 했다. 실제로 벌어지는
일이라고 하니 우리는 할 말이 없다.

홍지학 처음 계획으로 제시한 스탠드를 보고는 학생들이
스탠드에서 서서 운동하는 아이들한테 뭔가를 집어 던질
수 있다는 말도 했다. 그런 이야기들을 가만히 듣다 보면
학생들은 거의 미친 사람이다. 높은 데서 뛰어내리고,
무언가를 던지고, 부수고, 뜯는 사람이다.

조윤희 교육청도 학교 건물에 문제가 있다는 인식을 하고 있고
그걸 개선하고자 하는 의지도 있다. 그래서 시범적으로
현상설계를 통해 좋은 안을 뽑아서 실현하면 개선될 거라고
생각한 것 같다. 그런데 실제로는 그렇지가 않았던 것이다.

신명중학교 체육관 증축 현상설계 당선안의 CG(위)와 단면도(아래)

아무리 좋은 안을 뽑아 놓아도 온갖 규제와 현장 목소리로
뒤섞여 버리는 현실을 극복해야 한다.

　　안전률이 단적인 예다. 지진 강도 10레벨까지
견디는 내진 설계를 할 수 있어도 7-8 정도에 맞추는
안전율이란 게 있다. 학교 설계에도 아주 세밀하게 짠
표준 가이드라인이 필요하다. 지금은 다 직관에 의존한다.
주무관마다 생각이 다르고, 자의적이다. 모든 건물의
안전율을 다 10으로 맞추면 좋겠지만, 그렇게 했을
때 우리가 현실적으로 포기해야 하는 요소들이 너무
많으니까 거기에서 2-3 정도는 위험을 감수하는 것이다.
아이들의 환경에서도 마찬가지인 것 같다. 그런데 실제로는

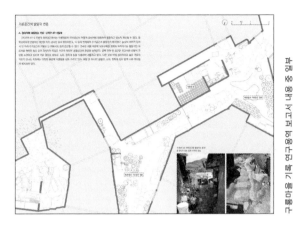

구룡마을 기록 연구용역 내용 중 일부
(2지구 47-2 일대)

어떤 사고도 용납할 수 없다며 건축에서 누릴 수 있는
풍요로움을 포기한다. 그래서 감옥을 만든다. 감옥을
만들면 안전률이 10이니까.

그런데 그에 대한 사회적 합의를 이루기가 쉽지 않다.
그 이유 중에는 여태까지 너무나 많은 부실 건물을 양산한
건축업계의 탓도 있다. 실제로 건물을 엉망으로 지어서
발생한 안전사고들 때문에 불신이 너무 커진 상황이니까.
그 부분에 대한 책임은 우리 건축계에 있다고 생각한다.

리서치와 실무 사이: 앞으로의 숙제
청중A 리서치에서 얻은 내용을 작업에 연결하거나 도시적인
　　　상황에 적용해본 적이 있나?
홍지학 리서치를 하다 보니 그런 면에 관심이 커졌다. 사람마다
　　　자신에 맞게 공간을 바꿔 쓰는 장면을 많이 본 덕분인데
　　　이제는 거주자가 어떻게 바꿀까 미리 상상해본다. 이렇게
　　　리서치 몇 번으로 끝내지 않고, 어떻게 해서든 우리

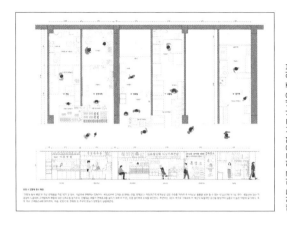

대치동 기록 연구용역 보고서 내용 중 일부
(은마종합상가)

프로젝트에 연결해보려 한다. 리서치하면서 발견한 좋은
　　공간이나 쓰임을 어떻게 새 건물에 가져올지 생각해보겠다.

정다영 드로잉을 보니까 정말 공들인 티가 난다. 구룡마을
　　리서치는 서울 버내큘러가 아닌가 생각했고, 대치동
　　리서치는 정말 잘 알려지지 않은 이야기를 담아냈다.
　　구보건축이 이런 쪽으로 작업을 더 밀고 가도 좋겠다.
　　지금의 중견 건축가들도 가회동 35번지 실측 연구를
　　본인들 작업의 근원으로 생각하지 않나. 오늘 우리의
　　도시 삶을 이렇게 가까이 들여다본 건축가는 많지 않다고
　　생각한다.

홍지학 우리도 정말 이 주제에 관심이 많다. 여력이 있으면
　　좋겠지만 리서치만 하기엔 돈이 안 된다. 하지만 이어갈
　　의지는 있다.

조윤희 생업이 있기 때문에 제한된 시간에 납품을 끝내고
　　연구를 마쳐야 했다. 도시 조직을 본다는 건 평소 쉽게
　　경험하지 못하는 일이므로 새로운 인사이트를 많이 얻은

소중한 시간이었다.

김상호 보여준 리서치 작업들의 결과물을 보면서 일종의 리버스 엔지니어링 같다는 생각이 들었다. 리서치 용역에서 건축가로서 얻고자 하는 바가 있다면 무엇인가?

홍지학 옛날부터 생각한 건데, 건축 덕후 같은 사람들이 필요하다. 예전에 학교 다닐 때 그런 것이 굉장히 목말랐다. 무언가를 생산할 것을 계산하지 않고 그냥 좋아서 문짝만 보고 다닌다든지, 말도 안 되는 도면을 집요하게 그린다든지. 지금 우리가 갖고 있는 건축을 덕후의 시선으로 바라볼 필요도 있을 것 같고, 그런 걸 하고 싶다는 생각도 많이 한다.

그런데 이걸 실제로 추진하기 위해서는 그에 맞는 용역을 따거나 아니면 펀딩을 받는 방법밖에는 없다. 아니면 안 좋은 경우로는 진짜 설계 프로젝트가 없어서 시간이 많이 남을 때는 해볼 수는 있을 것이다. 그런 일은 없으면 좋겠다.

조윤희 우리가 리서치 용역을 네 번 정도 했는데, 전부 다 처음에는 시작할 때에는 너무 재미있었다. 상상도 많이 하고. 그런데 작업을 하면서 결과물에 가까워질수록 재미가 없어진다. 우리가 하고 싶어하는 방향이 있는데, 발주처에서 자꾸 이렇게 하지 말고 저렇게 바꿔달라고 한다. 결국 나중에 가서는 우리도 그냥 빨리 납품해버리고 끝내자는 태도가 된다. 그 사람들이 원하는 이미지가 이미 정해져 있고, 거기에 우리를 자꾸 맞추게 되는 순간 흥미를 잃는다.

열 개의 작업들

점촌 기와올린집 – 김효영건축

위치	경북 문경시 흥덕동	설계	김효영건축사사무소: 김효영, 강민수,
용도	단독주택		이소정, 김예림
대지면적	513m²		정희컬, 심형선
건축면적·연면적	99.46m²	시공	플러스
건폐율·용적률	19.36%	건축주	개인
층수	지상 1층	사진	진효숙
구조	목조		
마감재료	유약기와, 비소성흙벽돌, 스타코,		
	삼중유리 알루미늄 시스템 창호		

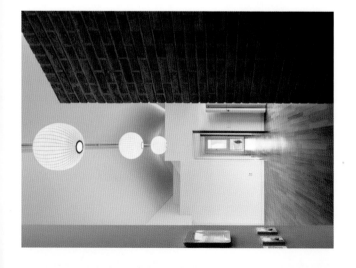

1 식당
2 주방
3 거실
4 가족실
5 드레스룸
6 욕실1
7 현관
8 방1
9 방2
10 방3
11 욕실2

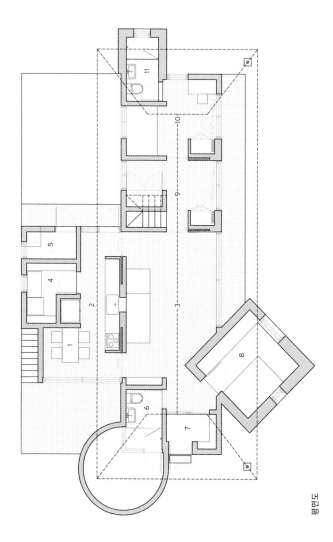

평면도

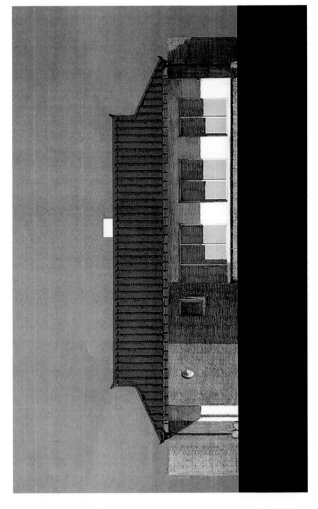

집 내부 구조를 보여주는 엑소노메트릭 드로잉

DP9131 주택 - 스키마

위치	경기도 하남시 덕풍동 미사지구	설계	스키마: 김세진, 조윤선
용도	단독주택(다가구주택)	구조설계	베이스구조기술사사무소
대지면적	261㎡	기계·전기설계	대도엔지니어링
건축면적	130.1㎡	시공	태웅건설
규모	지하 1층, 지상 2층	건축주	개인
높이	8.9m	사진	진효숙
주차	5대		
건폐율	49.85%		
용적률	85.41%		
구조	철근콘크리트구조		
외부마감	현무암벽돌(연마)		
내부마감	석고보드 위 친환경페인트, 강마루		
의뢰방식	개인 의뢰		
설계기간	2016.6-2017.3		
시공기간	2017.4-12		

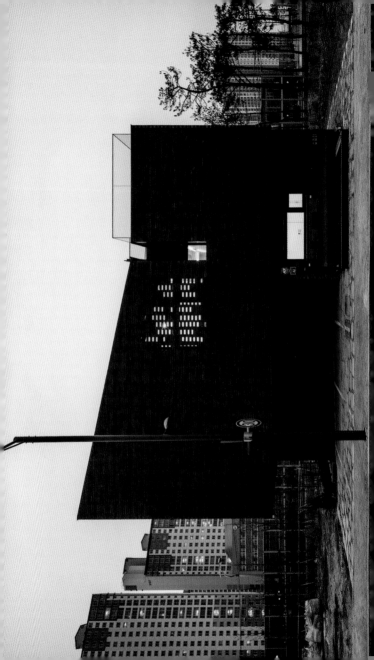

동선과 맵 공간 구성방법을 설명하는 다이어그램

창문 위치에 따른 전망 시퀀스를 보여주는 다이어그램

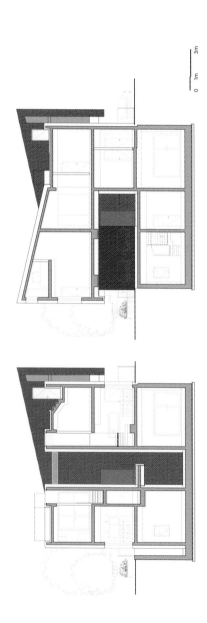

0 1m   3m

단면도 B

단면도 A

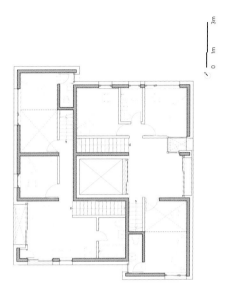

2층 평면도

1층 평면도

메밀꽃필무렵 – 이와임

위치	서울시 종로구 통의동 7-23	설계	이외임: 이도은, 임현진, 박도현
용도	제2종 근린생활시설(일반음식점)	구조설계	은구조
대지면적	89.3㎡	기계설계	청림설비
건축면적	79.7㎡	전기설계	다우티이씨
연면적	118.88㎡	시공	지음
건폐율	88.54% (기존)	사진	노경
용적률	133.12%		
층수	지상 2층		
구조	철골구조		
마감재료	종석미장, 화강석		
설계기간	2017.7–11		
공사기간	2017.11–2018.4		

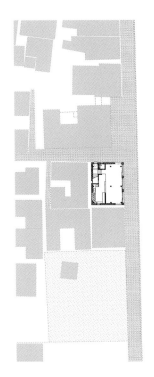

0 1 3 5 10

배치도

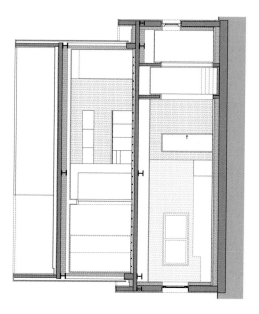

단면도(남북방향)

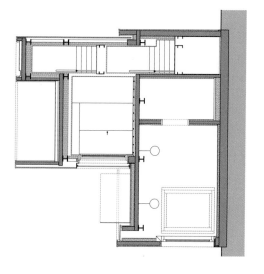

단면도(동서방향)

2층 평면도

1층 평면도

목천 세 채 집 – 오헤제 건축

위치	충남 천안시 목천읍	설계기간	2016.6–2017.4
주요용도	단독주택	공사기간	2017.7–2018.1
가족구성	조부모, 부모, 자녀(2)		
대지면적	775㎡	설계	오헤제 건축: 이해든, 최재필
건축면적	77.71㎡	시공	태경건설
연면적	84.38%	사진	진효숙, 이경준
건폐율	10% (허용 40%)		
용적률	10.9% (허용 100%)		
층수	지상 2층		
높이	5.9m		
구조	목조		
외부마감	지붕: 아스팔트싱글 위 외부용수성페인트,		
	차마: 라왕합판 위 외부용수성스테인,		
	외벽: 사이딩 보드 위 외부용수성페인트,		
	기초·발코니: 노출콘크리트 위 표면강화제,		
	개구부: 알미늄 시스템창호		
내부마감	바닥: 강마루, 벽: 석고보드 위 수성페인트,		
	천장: 라왕합판 위 오일스테인		

사진 진효숙

사진 이경준

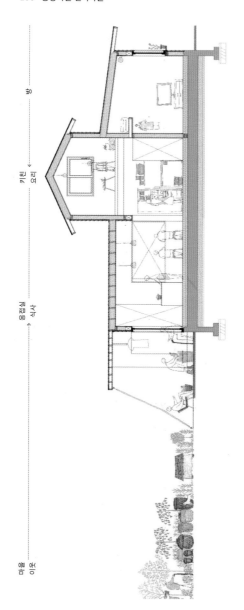

밤

키친
요리

식사
응접실

마음
풍경

단면 드로잉 A

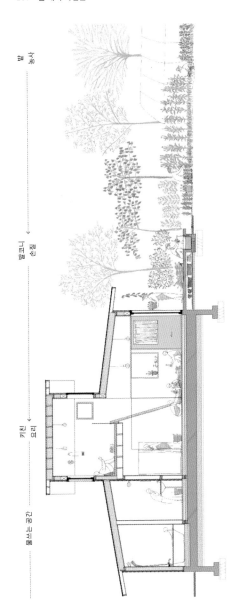

단면 드로잉 B

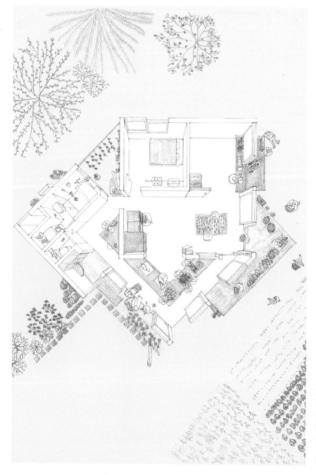

1층 평면투시도 (가을)

1층과 다락이 있어 투영된 평면 투시도(여름)

한강로망스—오드투에이

위치	경기도 김포시 고촌읍 풍곡리	설계	건축사사무소 오드투에이: 이희원, 정은주
용도	단독주택, 제1종 근린생활시설	구조설계	이든구조건설턴트
	(주택+아틀리에)	토목설계	덕양엔지니어링
대지면적	330㎡	모형	문주희, 백성준
건축면적	187.45㎡	건축주	개인
연면적	199.05㎡	모형사진	이우헌
규모	지상 3층		
건폐율	56.80%		
용적률	60.32%		
구조	철근콘크리트구조		
외부마감	노출콘크리트, 적벽돌		
내부마감	석고보드+수성페인트, 원목마루,		
	콘크리트 폴리싱		
설계기간	2017.12~2018.10		
시공기간	2019.4 착공예정		

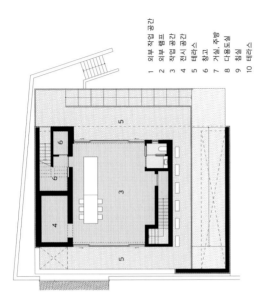

1 외부 작업 공간
2 외부 램프
3 작업 공간
4 전시 공간
5 테라스
6 창고
7 거실, 주방
8 다용도실
9 침실
10 테라스

2층 평면도

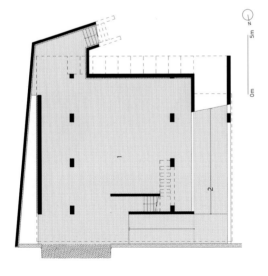

N

0m   5m

1층 평면도

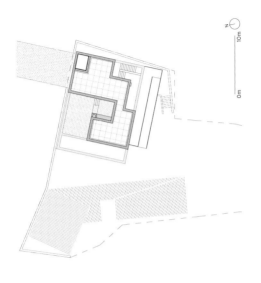

배치도

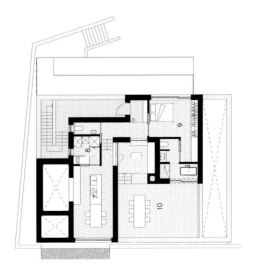

3층 평면도

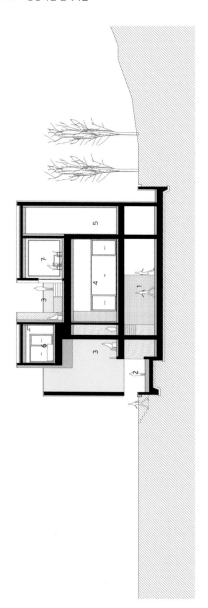

단면도 A

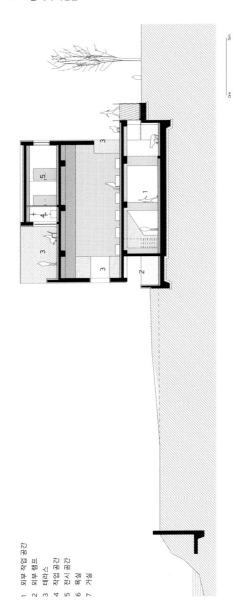

1 외부 작업 공간
2 외부 램프
3 테라스
4 작업 공간
5 전시 공간
6 욕실
7 거실

단면도 B

낙산상가(駱山商街) – 코어건축

위치	서울시 종로구 낙산성곽서길 141번지 일대
용도	공원 전망대
실시용자	일반시민
대지면적	약 1,663㎡
마감재료	화강석, 내후성강판, 벽돌, PC콘크리트, 개비온
의뢰방식	지명현상설계 당선
설계기간	2018.8–2018.12
공사기간	2019년 예정

설계	코어건축사사무소: 유종수, 김빈, 조아란, 안치원
구조설계	세진기술
전기설계	극동문화전기
토목설계	시지이엔씨
조경설계	그람디자인
건축주	서울시 주거환경개선과

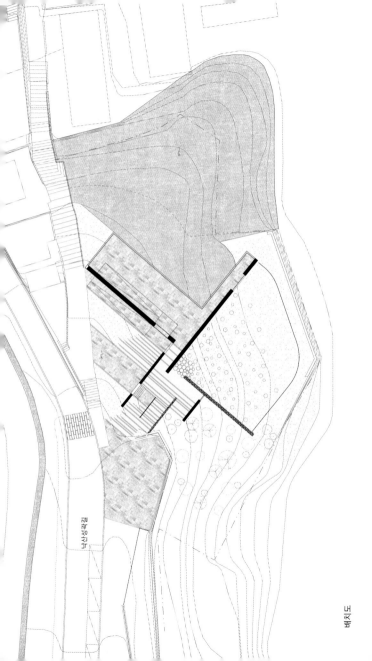

낙산성곽길

배치도

서울광장 스케이트링장 – 코어건축

위치	서울시 중구 태평로1가	설계	코어건축사사무소: 유종수, 김빈, 안지원, 김현수
	36-4외 17개 필지 일원(시청 앞 광장)		그라프트오브젝트: 김윤환
용도	제1종 근린생활시설(휴게음식점),	구조설계	김앤이구조
	제2종 근린생활시설(사무소),	시공	메이저스포츠선엄
	창고시설(일반창고)	감리	코어건축사사무소
실사용자	일반시민	에어돔	ABR
대지면적	13,207m²	건축주	서울시 체육회
건축면적	1607.34m²	출판 자료정리	조아린, 이동민
연면적	1607.34m²	사진	이택수
건폐율	12.17%		
용적률	12.17%		
층수	지상 1층		
구조	경량철골구조, 공기막구조		
마감제료	에어돔, 폴리카보네이트, 목재		
의뢰방식	제안서 공모 당선		
설계기간	2018.8-11		
공사기간	2018.11-12		

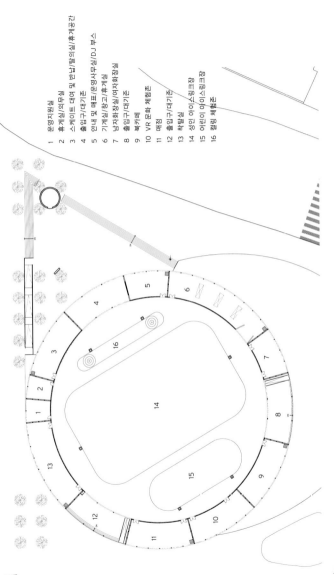

1 운영지원실
2 휴게실/의무실
3 스케이트 대여 및 반납/탈의실/휴게공간
4 출입구/대기존
5 안내 및 매표/운영사무실/DJ 부스
6 기계실/창고/휴게실
7 남자화장실/여자화장실
8 출입구/대기존
9 북카페
10 VR 문화 체험존
11 매점
12 출입구/대기존
13 착탈실
14 성인 아이스링크장
15 어린이 아이스링크장
16 컬링 체험존

평면도

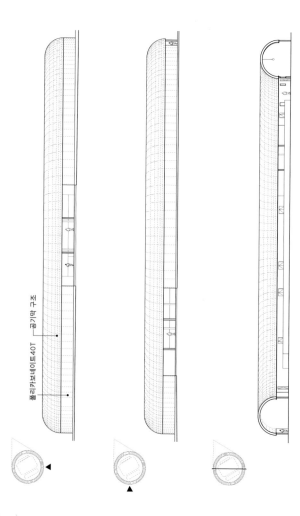

폴리카보네이트 40T

공기막 구조

(위) 남측 입면도 (중간) 서측 입면도 (아래) 단면도(남북 방향)

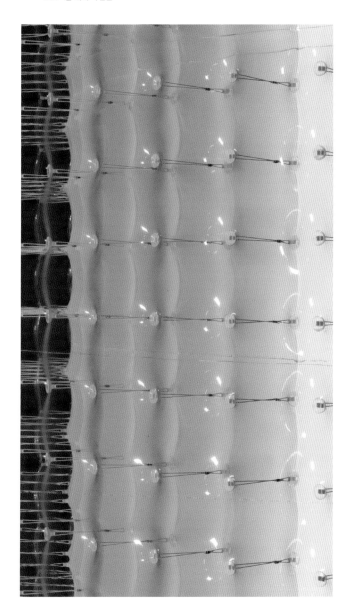

진주 상가주택 G1931-6 - 아에이아

위치	경남 진주시 가좌동 1931-6	설계	아에이아건축: 김성범, 윤성영
용도	단독주택 및 제1종 근린생활시설	구조설계	한길구조
대지면적	215.9㎡	전기설계	영우엔지니어링
건축면적	128.87㎡	시공	리엔종합건설(이성민, 송구찬, 최준길,
연면적	216.95㎡		김진희, 정혜란, 현석환) /
건폐율	59.6897%		진드라이비트(스터코),
용적률	100.4863%		대호테크ENC(금속),
층수	지상 2층		LG대교하우징(창호),
구조	철근콘크리트조		CPS공조(에어컨),
외부마감	스터코플렉스, 콩자갈판		자성전기(전기),
내부마감	석고보드 위 벽지		플러스코리아(마루),
의뢰방식	지인 소개		남우조경(조경)
설계기간	2017.10~2018.2	감리	대흥건축사사무소
공사기간	2018.3~2018.8	건축주	개인
		사진	노경

북측 입면도

남측 입면도

1 상점
2 창고
3 테라스
4 현관
5 입구
6 거실
7 식당
8 방
9 다락방

단면도 B

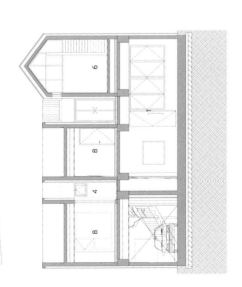

단면도 A

1 상점
2 창고
3 테라스
4 현관
5 입구
6 거실
7 식당
8 방
9 다락방

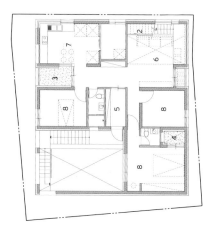

2층 평면도

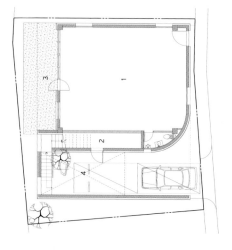

1층 평면도

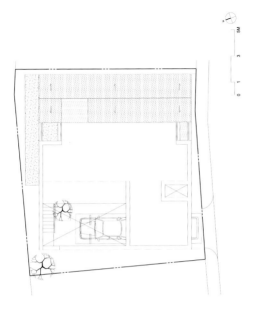

지붕 평면도

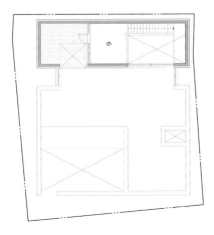

다락층 평면도

불암골 행복발전소 – 몰드 프로젝트

위치	서울시 노원구 중계로14길 53	설계	건축사사무소 몰드 프로젝트: 정영섭, 홍영애, 장우제
용도	지역아동센터	구조설계	은구조
사용자	초등학교 1~3학년 학생(돌봄프로그램),	조명설계	건축사사무소 몰드 프로젝트
	지역주민(북가페)	시공	C&J종합건설
대지면적	469.00㎡	감리	건축사사무소 몰드 프로젝트
건축면적	268.91㎡	인테리어	건축사사무소 몰드 프로젝트, 빅미니
연면적	266.56㎡	모형	장우제
건폐율	57.34%	도면 작성	정영섭, 홍영애, 장우제
용적률	56.84%	건축주	노원구청
층수	지상 1층	그래픽	미래물산
구조	철근콘크리트구조	사진	노경
외부마감	적삼목, 후동석, 징크		
내부마감	친환경페인트, 스프러스		
의뢰방식	지명현상설계 당선		
설계기간	2014.8~2016.4		
공사기간	2015.4~2016.4		

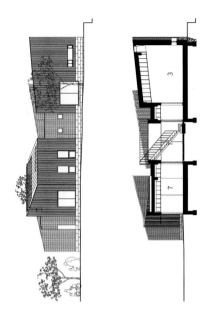

입면도(위), 단면도(아래)

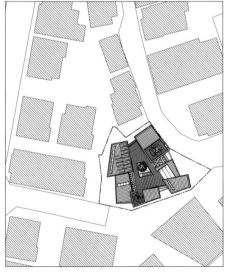

배치도

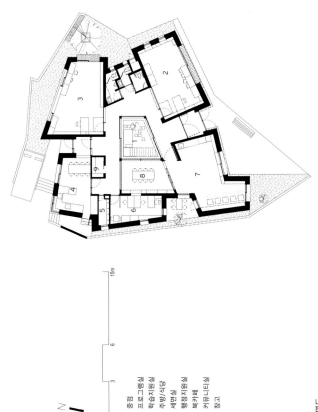

N

0   3   6   15m

1 중정
2 프로그램실
3 학습지원실
4 주방/식당
5 세면실
6 행정지원실
7 복카페
8 커뮤니티실
9 창고

평면도

성내동 근린생활시설 세컨드앨리 – 보편적인건축사사무소

위치	서울시 강동구 천호대로158길 22	설계	보편적인건축사사무소: 전상규, 최영미, 하상준, 오영석
용도	근린생활시설	구조설계	이든구조컨설턴트
실사용자	임대 예정	기계설계	이래엠이씨
대지면적	750㎡	전기설계	성지이엔씨
건축면적	374.93㎡	시공	이케이
연면적	1,193.6㎡	감리	보편적인건축사사무소
건폐율	49.99%	모형·CG	보편적인건축사사무소: 최영미, 오영석
용적률	159.15%	건축주	비공개
층수	지상 4층		
구조	철근콘크리트구조		
외부마감	외단열미장마감		
의뢰방식	개인 수의계약		
설계기간	2017.3.27–2017.12.21		
공사기간	2018.4.16–2019.2.15(예정)		

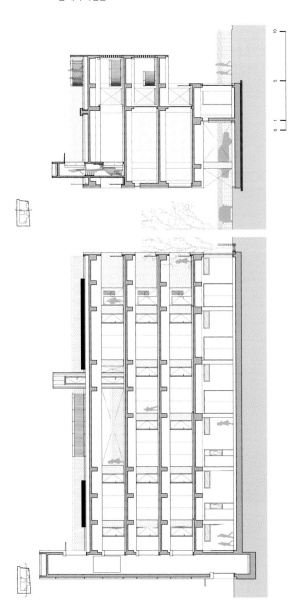

단면도 B

단면도 A

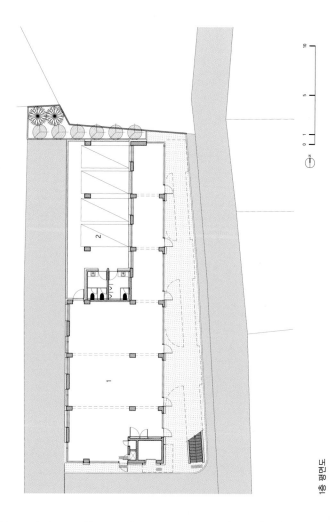

1층 평면도

1 근린생활시설 A
2 주차장
3 근린생활시설 B
4 화장실 A
5 실외기실
6 근린생활시설 C

7 화장실 B
8 계단실
9 중정
10 기계실

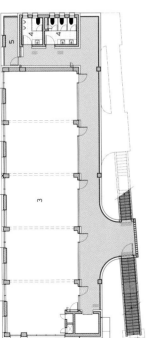

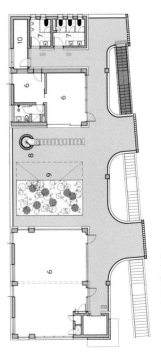

(위) 2층 평면도 (아래) 4층 평면도

궁정동 토지임대부 사회주택 – 구보건축

위치	서울시 종로구 궁정동 3-18
용도	근린생활시설, 단독주택(다중주택)
대지면적	194.9m²
건축면적	77.23m²
연면적	312.49m² (용적률 산정용 연면적:266.29m²)
건폐율	39.63% (법정:40%)
용적률	136.63% (법정:150%)
층수	지하 1층, 지상 4층
구조	철근콘크리트구조, 목조
외부마감	벽돌, 시멘트판넬, 24mm 투명복층유리
내부마감	HBE 노출마감
의뢰방식	토지임대부 사업
설계기간	2017.12–2018.8
공사기간	2018.9–2019.6

설계	구보건축사사무소: 조윤희, 윤성호, 방지희 홍지학(충남대학교)
구조설계	창민우구조컨설턴트, 경민산업(목구조)
전기설계	하나기연
기계설계	타임테크
조명설계	퓨즈
시공	코아즈건설
감리	구보건축사사무소
모형·CG	구보건축사사무소
건축주	서울소셜스탠다드
출판자료 정리	윤성호

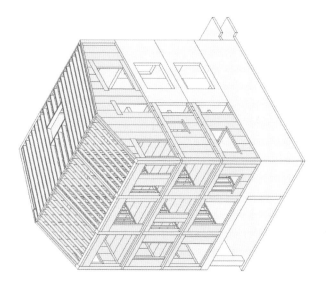

구조(목조+철근콘크리트조) 다이어그램

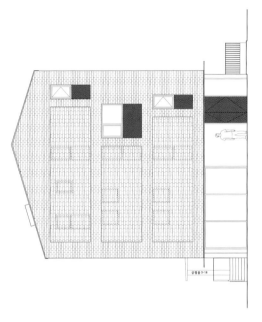

서측입면도

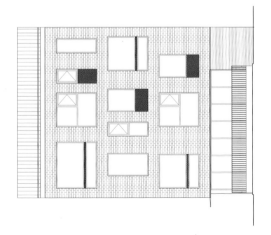

남측입면도

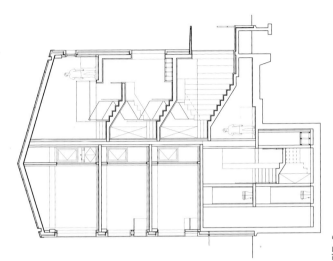

단면도 B

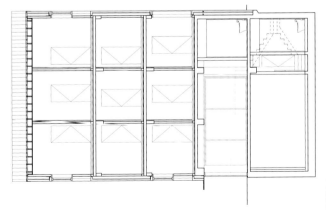

단면도 A

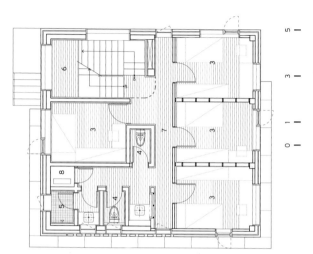

2층 평면도

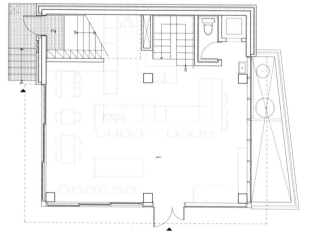

1층 평면도

1 근린생활시설
2 주택 현관
3 2층 침실들
4 2층 화장실
5 2층 샤워실
6 커뮤니티실
7 2층 복도
8 2층 침실들
9 3층 침실들
10 3층 화장실
11 3층 복도
12 3층 샤워실
13 4층 침실들
14 4층 화장실
15 4층 샤워실
16 주방 및 식당
17 세탁실

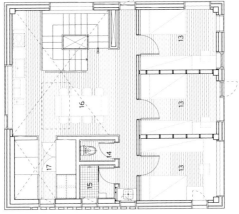

4층 평면도

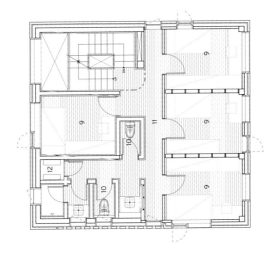

3층 평면도

지금 젊은 건축계

앞세대와 달라진 점은?

스키마

김세진 굳이 세대에 따라 차별화를 해야 한다고 생각하지는
않는다. 내가 옳다고 생각하는 것을 개인적으로 밀고
나가는 게 더 중요하다. 차이점이라고 한다면, 앞세대
건축가들은 건축과 삶을 같이 끌고 가기 위해 노력했다.
특히 4.3그룹이 그런 태도로 작업을 했다고 생각한다.
그런 가치가 세대 차이이기도 하지만, 이제는 더이상 그게
건축에서의 지향점이 아니라는 생각이 든다.

　　또 한 가지 차이점이라면 앞세대 건축가들은 공간에
대한 관념적인 논의에 더 집중했던 것 같다. 하지만 이제
건축가들도 그렇고 일반 대중도 마찬가지로 그런 이야기는
더 듣고 싶어 하지 않는 것 같다. 이전과는 다른 어휘와
방식으로 작업하는 건축가가 많아졌고, 그런 작업에
더 흥미가 생긴다. 이론적, 이상적인 이야기보다는 건물의
기능적인 이야기들이 내게는 더 힘있게 다가오고,
그 방향으로 나아가고 싶다.

코어건축

유종수 4.3그룹 이후 세대, 지금의 40대 후반에서 50대
전후 건축가들은 당시 여러 이슈에 따라 건축가 집단이
자연스럽게 만들어졌다. 요즘은 정보를 다양한 경로로
빠르게 취할 수 있다 보니 모일 필요를 못 느껴서인지 그런
모임 혹은 단체가 적은 것 같다. 지금은 건축가 개개인이나
개별 사무소가 훨씬 독립적으로 운영된다. 어쩌면 관이나

공적 영역에서 그런 역할을 나서서 하고 있기 때문일
수도 있다. 도시건축센터나, 정림건축문화재단도 그중
하나다. 그러다 보니 건축가들의 교류나 자생적인 모임은
자연스럽게 줄고, 그런 영역에서 활성화되는 것 같다.
물론 같은 동네에서 사무소를 운영하는 건축가들끼리의
친목 모임이 있기는 하지만 건축적인 담론을 만들어내는
자리는 아니다.

한편으로 요즘은 건축에서의 다양성이 좀 줄어든
것 아닌가 싶다. 개중에는 특출난 사람도 있지만, 개별
건축가의 작업에서 차별성이나 독특한 성격은 잘 보이지
않는 것 같다.

오혜제

최재필 우리 앞세대는 건축가 스스로 작가이자 건축가로서
그 시대에 어떤 건축을 해야 하는지 고민하는 사람이
상대적으로 많았던 것 같다. 그에 비해 지금 세대는 한 명의
작가로서 고민한다기보다는 건축 자체에 대한 고민이 큰 것
같다. 너무 많은 이론이 있고, 너무 많은 변화가 일어나고
있고, 건축의 개념도 계속 바뀌고 있다. 그런 중에서
건축으로 무엇이 가능하고, 건축가는 어떤 사람이 되어야
하는지도 많이 고민하는 것 같다.

오혜제

이해든 같은 시대를 사는 사람들은 세대가 달라도 큰
차이가 없다고 생각한다. 앞세대분들이 젊었을 때는
건축가로서 무엇을 세상에 보여주고, 자신의 세계를 어떻게
만들어갈까에 대한 고민이 컸다면, 지금은 건축가는 어떤
사람이어야 할까, 이 사회에서 건축가가 어떤 역할을 해야
할까에 대한 고민이 더 커진 것 같다.

글로벌 시대의 영향은 건축계에도 마찬가지여서 이게 누구의 건축인지 잘 모를 때도 많다. 건물만 봤을 때는 이게 어느 나라, 어느 지역의 건축인지 이야기하기 어려울 때도 있고, 무엇을 참조했는지 판단하기도 어렵다. 여러 가지가 다 섞여 있는 시대이다 보니 내가 그 안에서 나만의 것을 어떻게 만들어 갈지뿐만 아니라 내가 어떤 역할을 해야 할지에 대해서도 생각하게 되는 것 같다.

아에아

대중의 관점에서 볼 때, 앞세대는 건축에 대한 신념을 어렵고 무거운 것으로서 대하고 이끌어 왔던 것 같다. 우리 세대는 재치 있고 신선한 방법으로 건축을 풀어냄으로써 대다수 사람이 편하게 접할 수 있게 하는 쪽으로 작업을 하는 것 같다. 다른 한편으로는 삶의 곳곳에 스며든 건축이라는 분야를 누구나 쉽게 소비할 수 있는 시대에 살고 있다. 그렇다고 우리 세대가 건축을 가볍게 대하는 것은 아니다. 대중과 조금 더 쉽게 소통하고, 교감할 수 있고, 건축이라는 분야와의 괴리감을 메워나가는 데에 더 집중하고 있다고 생각한다.

예를 들면 건축 분야 전문가들이 공공 강연을 하고, 시민과 소통하는 프로그램이 많아졌다. 건축에 관한 다양한 의견을 대중들이 논의할 수 있는 자리가 충분히 마련되어야 건축문화에 대한 관심과 이해도가 높아진다고 생각한다. 이를 위해서는 사회 제도적인 측면이 함께 변화해야 가능하다. 한국의 공공건물들을 답사해 보면 건축가 소개가 되어있는 팸플릿, 안내표지판은 아직 보기 힘들다. 우리 동네 건축물을 어떤 건축가가 설계했는지 정도는 알 수 있어야 하지 않을까 싶다.

몰드프로젝트

정영섭 잘하는 젊은 건축가가 많아졌다. 전반적으로
생각하면 예전보다 전문 분야도 세분된 것 같고, 스타일도
확실해지고, 자세도 진지해진 것 같다. 하지만 우리는
아직 '건축가'라기보다는 이제 시작한 지 얼마 안 된
초심자에 가깝다. 건물 한 열 개 지었다고 '건축가'가 되는
건 아니라고 생각한다. 여전히 공부와 경험을 더 많이
쌓아야 한다.

몰드프로젝트

홍영애 옛날에는 엘리트 건축가 그룹과 그 반대편에 인허가
허가방(혹은 집장사) 그룹으로 분리되어 있었다. 그런데
우리 사회에서 쏟아져 나오는 온갖 건축 일들은 후자가
수행했다. 세대가 바뀌면서 예전 같은 엘리트 건축가는
아니지만 필드에서 나름대로 자신의 건축을 고민하고
공부한 세대들이 생겼고, 그들이 요즘 각자 특출난 일들을
하고 있다. 몰드는 그 두 세대 사이인 것 같다.

보.건.소.

전상규 국내 건축가에 한정하자면, 책으로만 만난
건축가들을 앞세대로 볼 수 있을 것 같다. 연배가 위더라도
같이 일한 분들은 같은 시대, 같은 공간에서 같은 고민을
해서 그런지 앞선 세대로 느껴지지는 않는다. 그에 비해
책으로 만난 사람들은 거리감도 있고, 사용하는 매체도
달라서 확실히 세대가 다르다고 느껴진다. 그런데 일하면서
세대론에 대해서는 크게 의식해본 적이 없다.

　　다른 한편으로는 5년제로 바뀌어서인지, 경제 상황이
악화되면서 큰일이 들어오지 않을 거라는 자조 때문인지
몰라도, 요즘에는 확실히 독립이 빨라졌다. 그래서 오히려

나는 이전 세대보다 요즘 친구들을 보면서 확실히 세대
차이를 느낀다.

보.건.소.

황은 우리가 다음 세대라고 생각하는 친구들은 일단
5년제 커리큘럼 하에서 건축을 배웠고, 매체가 달라지면서
우리와는 완전히 다른 환경에서 다른 사고방식을 갖고
자랐다. 우리는 적어도 5-10년은 도제식 실무 경험을
쌓아서 독립해야 한다는 의식이 남아 있는 세대라면, 요즘
독립하는 30대 초반 건축가들은 전혀 그렇지 않다.

요즘은 정보가 지천에 널려 있어서 예전처럼 꼭 회사에
가지 않아도 배울 수 있다. 그래서 우리 앞세대가 풍요와
혜택을 누린 세대라면, 뭐든지 할 수 있다고 생각하는
세대가 우리 다음 세대다. 우리 세대는 그 사이에 껴서
고군분투하면서 새로운 것도 받아들이고, 누적된 경험에
걸맞은 높은 퀄리티의 작업도 만들어야 하는 어려운 처지에
놓여 있는 것 같다.

또 예전에는 건축 설계의 테두리가 명확했는데, 요즘
젊은 친구들은 시공도 직접하고, 인테리어도 하고, 가구도
만들고, 거기에 브랜딩도 하면서 스스로 영역을 넓혀간다.
우리는 아직 그것까지 커버하지는 못하지만, 계속해서
사무실을 유지하려면 우리도 영역을 거기까지 넓혀야 하는
것은 아닐까 하는 고민이 있다.

구보건축

홍지학 학부 시절 당시 활발하게 활동하던 사람들을 보고
자랐으니까 우리에게는 그들이 앞세대인 것 같다. 그때
우리를 가르쳤던 분들은 대부분 4.3그룹 계열에 속해
있었다. 학교 다닐 때는 당연히 그 영향을 많이 받았다.

지금 생각해보면 당시 건축 교육에서는 건물로 사회를
이롭게 하는 것, 공공의 가치를 구현하는 것을 가장
중요시했다. 워낙 일이 넘쳐서 일단 짓기만 하면 만사형통인
시절이었기 때문에, 오히려 건물을 그냥 짓는 게 아니라
왜 짓는지를 자기 자신을 납득시킬 만한 이유를 더 찾고자
했던 것 같다.

　　우리가 그 시대 건축가들과 다른 점은, 일단 그런
의무감에서 벗어나서 마음이 좀 가벼워진 것 같다. 건물에
꼭 어떤 의미를 담아야겠다는 생각이 없고, 그보다는
어떻게 기술적인 성취를 담은 좋은 디자인을 할 것이냐에
관심이 많다. 앞세대가 건축을 관념적으로 다루었다면,
우리 세대는 사물로서 대하는 것 같다. 내가 학교 다닐
때는 단열을 어떻게 해야 한다 같은 이야기는 전혀 안
했고, 이 건물로 사회를 어떻게 이롭게 할 것인가에 대한
이야기만 했다. 우리는 그게 어느 정도 해소가 된 후에
자신의 건축을 시작했기 때문에 요즘 젊은 건축가 중에
그런 부분에 대해 스트레스를 받는 사람은 별로 없다.

동 세대와의 공통분모는?

스키마

김세진 나를 포함해서 요즘 건축가들은 건축가로서의
삶뿐만 아니라 개인으로서의 삶도 중요하게 여긴다.
자신이 좋아하는 건축일을 하면서 내 삶을 어떻게 즐길 수
있을지에 대한 고민이 많음을 느낀다. 일은 즐겁게 하되,
일 외의 삶도 소중하게 지키면서 작업을 해나가는 게
보인다. 그건 영국에서도 마찬가지였다.

아에아

소규모의 저예산 작업이 주를 이루다 보니 이상보다는
현실적 고민을 자주 나누는 편이다. 주로 건축주와의
이해관계, 시공 과정에 관한 이야기를 많이 공유한다.
최근에는 지방 도시에서 새롭게 시작하는 젊은 건축가들을
만날 기회가 몇 번 있었다. 당연히 건축가로서 지방
도시에서 겪는 어려움이 큰 이슈다. 그러면서도 각자
이상을 꿈꾼다. 어쩌면 우리 손과 입은 현실 속에서
움직이지만, 머리는 그 너머에, 이상의 공간 속에 있는 건
아닐까 생각하곤 한다.

보.건.소.

전상규 학교를 같이 다닌 친구들보다는 같이 일했던
동료들과 이야기가 더 잘 통한다. 같은 걸 지향했기 때문인
것 같다. 당시 동료들이 어떤 디자인적 측면을 공통으로
추구한다기보다는 완성도에 대한 의지나 열망이 비슷하다.
물론 그건 건축가라면 당연히 가지고 있겠지만, 거기까지

가기 위해 얼마나, 어떻게 고군분투할 것인가를 같이
고민한다는 점이 공통점이라면 공통점이다.

구보건축

조윤희 나는 별로 그런 걸 못 느끼겠다. 다들 각개전투하는
분위기다. 우리는 유학을 다녀왔는데 네트워크도 없고,
연속성도 없고, 일도 우리가 알아서 따야 한다. 요즘은
생존에 급급한 상황이다 보니 동시대의 무언가를
공유하면서 건축 작업을 한다는 느낌은 별로 없다.

구보건축

홍지학 상황과 처지만 공유하고 있는 것 같다. 모이면 늘
소규모 건축만 만드는 이 시장의 무엇이 문제고, 어떻게
해야 개선이 되고, 이런 이야기만 한다. 관심의 초점은
그런 데에 있다. 건물에 무작정 큰돈을 들일 게 아니라
합리적으로 짓고 싶은 것뿐인데 그 프로세스에 말이 안
되는 부분이 너무 많다. 다들 그런 점에 공감하고 있어서,
만나면 이걸 어떻게 개선할 수 있을지 자주 이야기한다.

이 시대 건축(가)이 개척해야 할 역할이 있다면?

오드투에이

이희원 우리가 졸업할 때(불과 몇 년 전)만 해도 디지털 테크놀로지와 접목한 무언가를 하는 건축 업역이 거의 없었다. 그런데 그런 일이 실제로 가능하다는 걸 알게 되면서 큰 흥미를 느꼈다. 단순히 벽돌이나 콘크리트로 건물을 쌓아 올리는 게 아니라, 생각지도 못한 재료로 건물을 만드는 과정을 보면서 그 가능성을 깨달았다. 요즘은 학교에서도 새로운 테크놀로지에 대한 관심이 높아졌지만, 그것이 실제 설계에 적용되어 건물로 완성되는 경우는 아직까지 별로 없다. 오히려 전시나 공공예술 분야에서 더 활발히 사용되고, 그러면서 우리 업역도 넓어지는 것 같다. 앞으로 일을 해나가다 보면 작은 규모든 큰 규모든, 실제로 적용할 기회가 올 거라 기대한다.

코어건축

유종수 건축의 진정한 발전을 위해 건축가가 할 역할이 따로 있다고 생각한다. 순수한 건축의 발전도 필요한데 상황이 그래서인지 모르지만 지금은 한쪽(도시재생이나 공유주택 등)으로 치우쳐 있는 것 같다. 여러 가지가 공존, 병행되어야 하는데, 한쪽으로 방향으로 휩쓸려 가는 현실이 아쉽다.

건축의 발전은 자본과도 관계있는 부분이다. 나는 누군가는 새로운 시도를 계속해야 한다고 생각한다. 예를 들어 전혀 안 쓰던 재료를 쓴다든지, 새로운 테크놀로지를 도입한다든지, 다른 분야와 결합을 시도한다든지 하는

부분이 필요하다. 지금의 젊은 건축가들에게는 그런 시도가
별로 없는 것 같다.

아에아

지속 가능한 도시에 주목해야 한다고 생각한다.
우리나라는 막대한 자본과 에너지를 지출하면서 개발
이익에만 집중해왔다. 현재 지방의 신도시는 북적이는
사람들 대신 '임대합니다' 플래카드가 펄럭일 뿐이다.
공공공간도 빈약하다. 이제는 외곽 개발을 억제하고 도시
중심으로 에너지를 집중해야 한다. 환경 오염에 영향을
끼치는, 철거 후 새로 짓는 방식보다 있는 건물을 잘
관리하거나 용도 변경을 통해 공간을 재활용하는 일에
가치를 두어야 한다. 시간의 켜를 덧붙이려는 고민이 있어야
퇴색된 지역성의 의미를 다시 찾을 수 있다고 생각한다.

보.건.소.

황은 개인적으로는 요즘 젊은 건축가들이 택한 방향이
바람직하다고 생각한다. 예전에는 기획하는 사람 따로,
부동산 개발하는 사람 따로, 시행사 따로였다면, 요즘
친구들은 작은 규모의 리모델링이더라도 공간의 기획부터
설계, 시공까지 맡아서 하는 경우가 많다. 그것도 사실
건축가가 할 수 있는 영역이고 건축가의 전문 분야에
포함되어 있는 건데, 지금까지 너무 설계 위주로만 좁게
생각했다. 그 틀을 깨고 점점 저변을 확대해 나가야 한다.
지난 평창올림픽 개회식 연출을 처음 맡았던 사람도 패션
디자이너 출신의 정구호 씨였다. 문화적 안목과 조예가
깊었기 때문에 그 큰 행사를 총괄할 수 있었다. 건축가라고
그런 일을 못 하란 법은 없다. 우리도 시야를 더 넓혀야
한다고 생각한다. 건축가가 기획 단계부터 참여를 하는 게

맞다. 그럴 능력도 충분히 갖추고 있는데, 건축가가
그 단계에 참여하지 않으니까 현장에서 괴리가 생긴다.
단순히 기획 단계에서 생긴 문제를 해결해주는 기술자로
인식되는 것만큼은 피해야 한다.

보.건.소.

전상규 요즘 건축이나 공간에 관심은 있는데 그걸 실제로
구현해 낼 실행 능력이 없는 사람을 공간 디자이너 혹은
스페이스 코디네이터 같은 명칭으로 부르면서 전문가처럼
대우하곤 한다. 그런데 그런 알 수 없는 명칭들 때문에
건축가가 기능인으로 인식되고 있다. 건축가는 큰 방향이나
주제 의식을 설정할 충분한 능력과 바탕이 있음에도
불구하고 오히려 실무 능력이 있다는 이유로 기능인 취급을
받는 거다.

구보건축

조윤희 우리는 새로운 영역이나 역할을 찾기보다는 건축의
기본에 더 집중하는 편이다. 건축의 영역을 다양화하는
것이 우리가 갈 길이라고 생각하지는 않는다. 구보건축이
아니라 우리 건축계로 봤을 때는 다양한 것들에 더
유연하게 대응하는 것이 중요하다고 생각한다. 건축계가
업역을 넓히는 게 결국 우리에게 더 큰 가능성을 열어줄
것이기 때문에 연관이 없다고 생각하지는 않는다. 중요한
문제라고 생각하고. 우리가 할 수 있는 일이라면 힘을
보태고 싶지만, 아직은 적극적으로 하지 못하고 있다.

　　건축에 집중하려는 이유는 우리 건축가들이
내부적으로 전문성을 충분히 발전시키지 못했기 때문에
외부의 규제를 받게 된 상황에 이르렀다고 보기 때문이다.
건축가의 자율성을 되찾기 위해서는 건축가로서 전문성을

더 키우는 방법을 고민하고, 그 전문성을 가지고 다른
업역으로 나아가야 한다고 생각한다. 그게 결국 우리
자유를 지키는 일이고, 더 좋은 설계를 할 수 있는
방법이다. 업역 확장은 기본을 탄탄하게 갖추는 것을
전제로 해야 한다. 결국 건축가에게 가장 핵심이 되는
건 건축설계라고 생각한다. 좋은 건물을 설계하고, 그걸
실제로 만들어내는 것이다.

이 시대 건축(가)의 사회적 역할이 필요하다면?

김효영건축

나는 그 사회적 역할이라는 것을 다른 식으로 생각하고
있다. 건축이 직접 공공의 이익에 기여한다기보다 예술이
하는 역할을 함께 했으면 좋겠다고 생각한다. 이종건
교수님의 『시적 공간』 첫머리에 "정동의 힘에 기대어 시적
상황을 도모하는 것"이라는 표현이 있다. 제도의 개선
같은 부분을 직접 건드리는 것이 아니라, 약간은 우회해서
개개인에게 영향을 미치고 싶다고나 할까. 건축이 개인을
깨우치는 계몽이 아니라 삶을 되돌아보게 하는 순간을
만들 수 있으면 좋겠다. 그게 예술이 사회에서 하는
역할이기도 하고, 건축도 할 수 있다고 본다.

불교의 교종과 선종이 각각 교리와 개인의 깨달음을
강조하는 것처럼 건축도 마찬가지라고 생각한다. 공공성
차원에서 다가가야 하는 측면도 있지만, 사실 우리가
일상적으로 접하는 건축은 개개인의 집이다. 그래서
나는 후자의 방식을 선택하고 있다. 내가 설계한 집에
사는 개인이 건축 안에서 어떤 영향을 받았으면 좋겠다.
개발 시대 대규모 주거 단지를 만드는 일보다 한 사람
한 사람에게 직접 다가가는 일을 하고 싶다. 건축물의
아름다움에 감탄하게 하는 거라기보다는 건축으로(그게
공간이든, 장면이든, 의미든 간에) 다른 순간들을 경험하게
만드는 것에 가깝다.

오헤제

이해든 예전에 온그라운드갤러리에서 〈금〉 전시 때 참여
작가 좌담을 들었다. 그때 일본 건축가 유리 나루세 씨가
셰어하우스를 설명하면서 '물 쓰는 공간'을 공유하는
것에 관한 이야기를 했는데, 그건 건축가만이 할 수 있는
이야기라고 생각했다. 어떻게 임대를 하고, 돈을 내고,
공유를 할지는 다른 사람들이 할 수 있는 말이지만,
구체적으로 실제 공간에서 무엇을 공유할지 선택하고
그 공간으로 만드는 것은 건축가다. 그분이 했던 말 중에
'사람들이 생각하지 못하는 삶의 모습이나 방식을 제안하는
게 건축가의 역할'이라는 말에 매우 공감했다.

오헤제

최재필 나루세 씨의 셰어하우스는 사회 문제를 해결하기
위한 건축적 시도다. 물론 건축가 혼자 기획한 것은 아닐
테고 기획자와 함께 생각했겠지만, 그것을 공간으로
구현해내는 건 오롯이 건축가의 몫이다.

　　마을 냇가에서 함께 빨래하던 시절의 물은 함께 쓰는
것이라는 의미를 담고 있었는데, 근대 이후 각 집에 수도가
생기면서 물을 통한 만남의 기회가 사라졌다. 그런 부분을
건축적으로 해결해나가는 것, 사람들이 어떻게 살았는지
되짚어보고, 한 공간에서 모여 살아가기 위한 해법을
사회에 제시하고, 잊고 살았던 삶의 방식을 다시 생각하게
만드는 것까지 모두 건축가의 역할이다.

코어건축

김빈 건축은 자본과 부동산을 기반으로 하는 작업이다.
그렇기 때문에 건축가로서 자신의 작업이 사회적으로
중요한 의미를 가지게 하려면 개별 건물만 볼 것이

아니라 도시 맥락을 고려해야 한다. 그것이 개인 주택이든 공공건물이든, 모든 건물은 그 주변에 영향을 끼친다. 그렇기 때문에 건축가는 건물을 지음으로써 도시에 사는 시민들에게 더 나은 공간을 경험할 기회를 줄 수 있고, 그렇게 더 좋은 도시를 만드는 데 기여할 수 있다. 그런 관점에서 자신의 건물을 바라보아야 한다.

마을 가꾸기도 마찬가지다. 참여하는 건축가는 그걸 통해서 도시를 어떻게 더 의미 있게 만들 수 있는지를 고민해야 한다. 그런 바탕에서 새로운 것이 나올 수 있고, 결국에는 자본의 논리를 넘어설 힘도 생길 것 같다. 건축이 본질적으로 자본에 예속될 수밖에 없다고 해도 우리는 그걸 넘어서려는 노력을 계속해야 한다. 이 모든 것은 큰 틀에서 보면 도시적 맥락을 고려하는 데서부터 시작할 수 있다.

포럼 때 나온 새로운 유형을 만드는 이야기도 그러한 노력에 포함될 수 있다. '유형'이라는 말을 써서 뭔가 대단한 것처럼 느껴질 수도 있는데, 이전과 다른 뭔가를 하기 위한 노력이다. 크게 바꿀 필요도 없고 조금만 바꾸어도 되는데, 다만 그게 주어진 조건에 맞는 변화여야 하기 때문에 고민이 필요하다. 새로운 유형은 디자인의 일부일 수도 있고, 재료의 일부일 수도 있고, 디테일의 하나일 수도 있고, 전체를 꿰뚫는 컨셉일 수도 있다. 모든 건축가가 이런 고민을 할 것이다.

관에서 발주하는 공공 영역에서 새로운 유형을 만들어내기는 구조적으로 참 어렵다. 심사부터 시작해서 발주처에 속한 여러 관계 기관을 거치다 보면 진보적인 시도가 나오기 쉽지 않다. 새로운 시도는 민간 영역에서 뜻이 있는 건축주가 나섰을 때 나올 가능성이 더 크다.

공공에서는 한계가 있다.

아에아

살기 좋은 땅의 조건 중 하나가 사람들의 인심과
포용이라는 말을 들은 적 있다. 좋은 건축은 좋은 인심을
만들어내고 포용하게 한다고 생각한다. 포용은 곧 인재를
만들고, 도시에 활력을 불어넣는다. 큰 규모나 비싼
재료와는 상관없이 사람이 살면서 긍정적인 상상을 하고,
인심이 좋아지고, 행복하게 살게 하는 집을 설계하는 것이
건축가의 역할이 아닐까 생각한다.

우리 둘 중 한 사람은 수만 개의 별이 쏟아지는
시골에서, 다른 한 사람은 달과 바다가 훤히 보이는
도시의 산비탈에서 자랐다. 사는 동네나 환경은 달랐지만
공통으로 기억하는 것은, 길에서 약간 물러난 대문은
아침이 되면 항상 열리고, 이웃집 무화과나무는 이 집
것인지 저 집 것인지 모르며 살았고, 반쯤 열린 옆집 대문
너머로 마당을 청소하는 이웃과 눈을 마주치면서 지낸
유년 시절이다.

포용하는 건축이란 가사노동을 잠시 덜어줄 풍경이
있고, 집 안으로 사람을 만나러 들어갈 때 숨을 고르며
마음의 준비를 하는 공간이 있고, 타인과의 관계가 어느
정도 허용되고, 이웃을 대하는 배려심으로 조경수를
가꾸는 그런 건축이 아닐까 한다.

몰드프로젝트

홍영애 요즘 우리 사무실 인근 동네에 지구단위계획,
활성화 계획이 수립되고 있다. 그 계획 안에서 보면 우리
사무소도 동네 자원 중 하나라서 계획 수립 초기에
도시계획팀으로부터 전문가로서 참여해달라는 요청이

있었다. 고민 끝에 이 동네에서 우리가 설계사무소 본연의
역할을 충실히 하는 것이 이 동네를 활성화하는 것이고,
그게 더 의미 있지 않겠느냐고 답했다. 어떤 모습으로든
이 동네가 달라지거나 발전할 때 우리도 그 속에서 하나의
요소로 존재하는 것으로 충분하다. 그게 우리가 할 수 있는
사회적 기여다.

몰드프로젝트

정영섭 건축가가 도시 계획 차원에서 역할을 한다고 할 때
조심스러운 부분이 있다. 시민의 세금이 투입되는 일이라는
것에서부터 그렇다. 건축설계를 하는 사람이 도시를 바꿀
수 있다고 생각하는 건 착각이고 위험하다는 생각도 든다.
한 명의 마스터플래너가 좌지우지할 수 있는 도시는 현실에
존재할 수 없다고 생각한다. 건축적인 장치로 사람들이
모이고 장소가 좋아지는 데에는 많은 시간과 연구가
필요하다.

구보건축

조윤희 요즘 건물의 모든 것을 성능과 연결짓고 그것을
규제하는 경향이 점점 강해지고 있다. 사회가 건축가를
숙제 대신해주는 사람처럼 대하게 된 데에는 건축가들의
책임이 크다. 성능을 충족하지 못한 상태에서 가치만
내세우는 설계를 해왔고, 그 결과 사회가 제도와 규제를
통해 성능을 통제하려고 나서게 된 것이다. 설계가 제도에
의해 다 결정이 되어버린다. 세세한 부분까지 법으로
규정이 되고 건축가의 운신의 폭은 너무 좁다. 그러다 보니
그저 그런 건물만 양산될 수밖에 없다.

이런 상황에 직면하게 된 것은 건축가(건축계)가
자신의 전문성을 키우지 않은 데서 다다른 결과다. 건물이

가진 인문사회적 가치에 대해서만 강조하고, 정말 필요한 기술과 성능을 등한시한 데서 온 폐해다. 그래서 요즘 건축가들이 사회적 책임에서 벗어난 것처럼 보이는 이유는 기술을 등한시했던 부작용이 너무나 커져서 사회적 가치에 대한 이야기가 효력을 상실했기 때문이다. 더 안타까운 것은 그걸 건축계 내에서 먼저 깨달아서 우리가 그간의 미흡함을 보완하려고 자처하고 나왔어야 했는데, 사회가 먼저 움직이면서 건축가가 더 옹색한 처지에 놓이게 되었다는 점이다.

우리 앞세대에서 선생 대접을 받는 사람은 굉장히 소수였고, 나머지는 다 집장사 취급을 받았다. 집장사의 건물은 아예 건축으로 다루지도 않았고, 양극화된 상황에 대해 누구도 책임지지 않았다. 이제 그 부담은 우리 세대의 몫이 되었다. 양쪽 역할을 다 해야 하는 거다. 그동안 방치했던, 집장사의 일이라고 치부했던 영역에서 건축의 사회적 신뢰도는 바닥까지 떨어져 있다. 이 문제를 해결해야 하는 건축가로서 나 역시 전문성이 부족한 것에 대해 부끄럽게 생각한다.

현재 건축교육에 대한 진단은?

김효영건축

사실 지금 학생들을 보면서 부럽다는 생각을 할 때가 있다.
옛날보다 지금은 좋은 선생님도 많고, 다들 열정적으로
가르치기 때문에 매우 좋아졌다고 생각한다.

한 가지, 개인적으로는 학생들에게 본인 작업에
감정이입을 더 했으면 좋겠다는 이야기를 한다. 건물을
단지 작업의 대상으로 보지 말고 사람처럼 바라보라고,
멀리 떨어져서 보지 말고 들어가서 보라고 한다. 우리가
건축을 너무 물리적인 대상으로만 바라보고 있지 않은가.
그러다 보면 건축에서 무언가를 느끼기 어렵다. 사는 집에
대해서도 평수니 집값이니 그런 이야기만 하는데, 너무
메말라 있다는 생각이 든다. 그래서 학생들에게 건축을
함께 살아가는 대상으로 바라보는 태도를 가르쳐주고
싶다. 그런 관점을 가지면 아무래도 건축을 하는 사람의
마음도 달라지지 않을까.

스키마

김세진 영국 교육 시스템은 1% 천재들을 위한 교육이고,
미국 교육은 전체 수준을 1% 향상하기 위한 교육이라는
이야기를 흔히 한다. 내가 보기에 한국 건축 교육은
후자에 가깝다. 하지만 건축계에 필요한 것은 보편적이고
일반적인 것을 다루는 사람이 아니라 특별한 인물이다.
그런 사람을 배출하기에 지금의 건축 교육 커리큘럼은
적합하지 않다고 본다.

그래서 그런지 오히려 정식 건축 교육을 받지 않은 다른 분야 사람(예를 들면 헤더윅, JOH 같은)이 건축 작업을 했을 때 더 빛나는 것 같다. 그들이 건축을 더 잘한다기보다 다른 접근법을 보여주는데 그러한 점이 건축계에 필요한 부분이다. 지금은 공통의 관심사나 이슈가 있는 게 아니기 때문에 자신만의 방법론을 어떻게 결과물로 드러내느냐의 싸움이다. 이런 상황에서는 다양성이 필요하다.

이와임

이도은 내 대학 시절과 비교해 보면 요즘은 학교에서 실무에 필요한 많은 것을 배우고 나오는 것 같다. 우리 때는 실무보다는 건축이 나아가야 하는 방향, 태도 같은 것에 더 집중했던 것 같고, 건축가가 갖춰야 하는 기본적인 자질에 대해 더 고민했던 것 같다. 건축 행위의 과정에 대해 더 실질적인 고민, 경험을 쌓을 수 있다는 점에서는 지금의 5년제가 나쁘지 않다고 생각하나, 너무 시스템에 얽매이는 듯한 커리큘럼에는 아쉬움이 남는다.

이와임

임현진 KAAB든 RIBA든 취지 자체는 건축가의 기본 자질을 갖추는 데 있다. 다만 그것은 최소한의 기준이다. 학생 때는 그 이상을 시도할 수 있는 여지가 있어야 하는데 인증받기 위한 기준을 채우는 것에만 시간을 할애하고 있는 부분이 아쉽다. 학생 때 엉뚱한 시도도 해보고, 맘껏 꿈꾸고, 좀 헤매도 되는 여지가 있어야 한다. 요즘 학생들은 기본적으로 들어야 하는 내용만 해도 이미 빡빡하다. 본인만의 생각을 키워나갈 수 있는 여유가 별로 없는 것 같다.

오혜제

최재필 요즘은 학교 졸업 후 건축가가 되고 싶어하는
학생이 많지는 않은 것 같다. 건축가가 되려는 친구는 절반
정도다. 건축가 양성이 건축 교육의 목표라고 보면 절반은
성공이고 절반은 실패인 셈이다. 그건 학생들이 건축가가
무슨 일을 하는지 잘 모르고 건축학과에 들어와서 그런 것
같다. 건물은 많이 봤지만, 건축가가 실제로 어떤 일을 하는
사람인지 알기 어렵다.

이런 부분을 보완하려면 입학설명회 같은 것이 중요할
것 같다. 오픈스튜디오도 해야 한다. 자기가 지원하는 이
학과에 오면 무얼 공부하고, 어떤 교수한테 배우게 되고,
또 그 교수는 무슨 일을 하고 있는지도 알 필요가 있다.
건축가가 되기 위해서 학교에서 무엇을 배우는지 정확히
아는 것이 중요하다고 생각한다. 그래야 진짜 건축을 하고
싶은 학생이 입학해서 열심히 공부하게 된다.

동경예대는 일 년에 하루 입학설명회가 있다. 대학
스튜디오를 다 오픈하고, 교수들 작업도 프레젠테이션한다.
연구실 학생들도 고등학생들이 오면 안내해주고, 강의에서
어떤 것을 배우는지 간단한 발표도 한다.

아에아

우리 경험으로 볼 때 한국 건축교육 커리큘럼은 상대적으로
선택의 폭이 좁다. 우리나라 체계로는 건축 분야가 계속
협소해질 수밖에 없고, 건축 서비스의 질도 상대적으로
낮아질 수밖에 없다고 생각한다. 유럽은 3+2의 학·석사로
단계를 밟고 올라갈수록 선택의 폭이 넓어진다. 개개의
스튜디오 별로 도시, 철학, 사회, 주거, 공공건축, 예술,
문화유산, 구조, 기술, 에너지 등으로 나뉘고 그 안에서 또

세분화된 스튜디오가 형성된다. 학생들은 자기 적성에 맞게 심화 단계를 밟아나간다.

졸업 후에는 설계사무소뿐만 아니라 매우 다양한 분야에서 개성 있는 건축가 또는 전문가로 활동한다. 문화유산 분야를 전문으로 하는 건축가가 되기도 하고, 음악당을 전문으로 하는 건축가가 되기도 하고, 도시건축을 연구하는 학자가 되기도 한다. 또 건축 역사와 비평을 다루는 작가나 평론가가 되기도 하고, 미술과 건축이 접목된 전시디자인이나 무대디자인으로 일을 하기도 하며, 선박 설계, 영화 제작, 도시설계 기획, 건축 철학자가 되기도 한다.

심화 스튜디오 중에 몇 가지 예를 들면, 공공건축 스튜디오는 공공공간과 도시, 자연과의 관계에 주목하고 학생들은 주어진 대지에 공공건축물이 어떻게 도시 내에서 상징적이고 역사적으로 긍정적인 영향을 줄 수 있을지에 대한 고민과 함께 프로젝트 하나를 설계한다. 문화유산 스튜디오는 보존과 리스크 예방 같은 건축문화유산의 가치를 이어가는 메커니즘을 이해하고, 주어진 사이트의 조사를 통해 장기적인 변화를 수용할 수 있는 프로그램들을 분석하는 과제를 진행한다. 도시환경 쪽 스튜디오는 실제 한 도시 구역을 정해 분석하고 환경 변화를 꾀하는 보도 넓이나 화단 길이, 벤치, 지하철역 조명 등을 다시 검토해 보고서를 작성하기도 한다.

예술 스튜디오는 예술과 건축 공간의 관계가 시대마다 어떻게 변화가 있었는지, 장소의 의미와 재현에 대한 의미 등을 다루고, 주변에 있는 갤러리들을 둘러 보면서 공간과 작품의 관계가 어떻게 이어지는지 연구한다.

영화와 공간을 배우는 스튜디오도 있다. 건축과 영화를

접목해 영화의 기술적인 것들을 배우는 동시에 빛, 움직임, 등장인물을 이용한 미장센을 통해 공간을 재조명하는 수업이다. 소리, 하늘, 안과 밖, 시선, 움직임, 스케일 등의 요소들로 이미지들을 구상하고 최종적으로는 영화 한 편을 제작한다.

몰드프로젝트

홍영애 건축가라는 직업은 창의적인 일이 되어야 하는 것 같다. 나는 상대적으로 그런 방향의 교육과 실무를 경험한 사람은 아닌 것 같다. 건축가라면 기능만 충족한 설계를 하는 것만으로는 뭔가 부족하다.

요즘 학생들이 어떤 교육을 받고 있는지 잘은 모른다. 창의적이고 미적인 감각을 키우고 건축에 대한 자신의 생각을 만드는 것의 중요성을 학생들이 알아야 한다. 그래야 실무에서도 그것을 의식적으로 누적할 수 있다. 그렇지 않으면 사무직 직원처럼 된다.

몰드프로젝트

정영섭 한국 건축의 역사를 잘 모르는 것도 문제다. 건축 행위를 하기 이전에 그것을 먼저 알 필요가 있다. 나 역시 우리 것에 대한 이해가 없는 채로 건축 공부를 했고 실무도 하고 있다. 학교에서 그런 부분을 가르칠 필요가 있다. 나이가 좀 들고 나니 우리 건축이 먼저 체득된 상태에서 다른 것을 소화해야 한다는 생각이 들기 시작한다.

지금 건축교육은 공간과 재료와 미학적인 면을 다룬다. 당연히 다뤄야 하는 부분이고, 그런 측면에 맞는 교수나 강사들이 학교에 많다. 그런데 문화 측면에서 보면, 건축이 다른 분야와 계속 얽혀있지 않으면 고립되거나 자기중심적으로 될 것이다. 지금 교육은 그런 면에서 너무

갇혀 있다. 학생들이 스스로 자기가 관심을 찾아 나설 수 있는 여지와 유연성이 필요하다.

단편적인 예로, 건축주의 라이프스타일을 이해하고 공감할 수 없으면 설계를 잘할 수 없다. 무슨 그림을 좋아하는지, 어떤 음악을 듣는지, 어떤 가구를 좋아하는지 알아야 한다. 문화를 안다는 것은 세상과의 소통이고, 그 소통의 소양을 길러야 한다. 건축을 건축의 시각으로만 보지 않고 인문적, 예술적 통로를 통해서 세상과 소통함으로써 얻는 여러 가지 에너지가 필요하고, 그것을 다시 건축으로 들여오는 것이 가능하다. 그럴 때 건축이 더 풍성해질 것 같다.

보.건.소.

황은 나는 주로 5학년을 가르치는데, 결과물이 다 비슷하게 나온다. 완성도는 있는데 제출해야 하는 결과물에만 노력을 기울이다 보니 정작 설계에 대해 깊이 고민할 시간이 없다. 보고 있으면 안타깝다. 그걸 못 견뎌서 중간에 전과하거나, 힘들게 졸업하고도 설계 일을 안 하는 친구들도 많다. 5년이라는 긴 시간을 설계를 배우는 데 써놓고도, 반 이상의 학생이 설계를 직업으로 택하지 않는다는 것은 제도의 문제라고 생각한다. 5년이나 시간을 쓰게 한다면 정말 설계를 할 때 필요한 능력을 내실 있게 키워주거나, 아니면 설계를 하지 않을 때 선택할 수 있는 다양한 가능성을 탐색할 기회를 줘야 한다.

건축 교육의 목표가 꼭 건축가를 양성하는 것만은 아니라고 생각한다. 시공이나 재료 같은 분야도 충분히 접할 기회를 줘야 한다. 학생을 가르치는 입장에서 이런 이야기가 적절할지는 모르겠지만, 설계에는 어느 정도 재능이라는 게 있다는 생각은 든다. 물론 노력해서 극복할 수 있는 부분도 있지만 재능도 무시할 수 없다. 꼭 설계가 아니더라도 각자가 가진 다양한 재능을 살릴 방법이 분명히 있고, 또 있어야만 한다. (내가 말한 재능은 공간지각력이다. 선천적으로 약한 학생들이 있는데, 그들에게 도면을 그리게 하면 무척 힘들어한다. 그런 학생들에게 설계만을 강요할 수는 없다.)

구보건축

홍지학 5년제가 되면서 확실히 좋아지긴 했다. 문제는 학생들의 전공교과목 부담이 너무 커진 것이다. 그러다 보니 학생들이 사회의 다양한 이야기를 습득할 기회가 적어졌다. 건축학과 학생으로서 좋은 프로젝트를 하려면 인풋이 많아야 한다. 거기서부터 출발해서 재미있는 것들을 만들어 내야 하는데, 인증 프로그램이 너무 표준화되어 있어서 학생들이 창의성을 키워갈 수 있는 여지가 적다.

기술교육 같은 느낌의 실무 중심의 교과목이 많은데, 학부에서부터 그렇게 전문 직업인으로 교육하는 게 맞는지 모르겠다. 기술적인 성취를 이루는 데에도 그 밑바탕에는 사회 구조에 대한 이해가 있어야 한다. 기술만 알면, 주어진 숙제만 풀 줄 아는 단순 기술자가 되는 거다. 건축가는 주어진 숙제만 푸는 게 아니라 숙제 자체를 발견해야 한다. 그러기 위해서는 바탕에 교양 교육이 있어야 하는데 지금은 커리큘럼 안에 교양을 포괄할 여지가 없을 만큼 너무 빡빡하다.

구보건축

조윤희 결국은 교육제도도 건축계 전체와 같은 문제다. 5년제를 받아들이는 것이 스스로 규제를 해달라는 것과

다름이 없는데도 기존 교수진들이 거기에 찬성하면서
건축학과 커리큘럼을 짜고 스튜디오를 운영하는 자율성이
사라져버린 거다. 그런 의미에서 지금 건축가들이 실무를
할 때 자유가 사라진 것과 학교에서 학생들이 누릴 수 있는
자유가 사라진 것은 똑같은 맥락이라고 본다.

젊은 건축가 시대 점검

'젊은'이라는 태그: 젊은 건축가, 미숙한 혹은 값싼? 아니, 차세대

전숙희

덜 익은 건축가

젊은건축가상은 독특한 상이다. 상은 업적이나 성과가 뚜렷한
사람이나 작품에 주는데, 젊은건축가상은 소위 잠재력을 가진
사람에게 주는 상이다. 젊은 건축가 지원 프로그램으로 시작한
젊은건축가상은 올해로 10주년을 맞았다. 실은 2005년
신인건축상으로 시작해, 2008년 젊은건축가상으로 개편되어
2018년까지 13해가 되었다. 지난 10월 열린 10주년 전시를 통해
보인 수상자들의 이후 작업은 그들이 건축계에 잘 자리 잡고
있다는 것을 보여주었다.

　　젊은건축가상의 나이 기준은 처음부터 말이 많았다.
왜 만 45세일까? 생물학적으로도 사회문화적으로도 모호한
이 나이는 우리나라 건축에서나 젊은 나이다. 생물학적으로
마흔다섯 살은 결코 젊지 않다. 성장이 완성되었을 뿐 아니라
노화가 막 시작되는 나이이다. 그러나 젊은건축가상은 45세까지
젊다고 보자는 것이다.

　　왜일까? 대학을 졸업하고, 실무를 익히고, 건축사 자격을
갖게 된 뒤, 사무소를 개설한다고 했을 때 빠르면 30대
초반이다. 군대를 다녀와야 하는 사람은 30대 중반이 되기에
십상이다. 작은 주택이 설계부터 시공까지 1년 정도 걸리는 것을
감안하면 40대는 되어야 제법 자기 일을 시작할 수 있는 것이
보편적이다.

　　젊은건축가상 심사가 있던 자리에서 심사에 참여한
한 분은 '젊은 건축가는 미숙한 건축가를 뽑는 것이다'라고

운을 뗐다. 듣기에 따라 오해할 수 있는 어휘 선택이었다. 하지만
골자 그대로 덜 익은 건축가이다. 덜 익은 열매는 시간이 지나면
무르익는다. 이제 와 생각해 보니 아마도 뒤에 그런 의미가
생략되어 있었던 듯싶다.

젊으니까 싼?

젊은건축가상을 수상한지 얼마 안 되었을 무렵이니 2011년
즈음인 것 같다. 전원주택을 지으려는 예비 건축주 한 분이
사무실로 찾아왔다. 대치동 산다는 소개를 한 그는 은퇴했고,
두 딸을 다 키웠으니 그동안 아내와 두 딸의 반대로 미뤄 오던
전원생활을 할 수 있는 60평 정도 규모의 주택을 짓고 싶다고
했다. 꽤 긴 시간 이어진 그의 이야기 속에는 얼마나 긴 시간
이 프로젝트를 꿈꿔 왔는지가 충분히 담겨 있었다. 머릿속으로
300평 땅 위에 집을 몇 번을 짓고 부쉈는지, 그는 이미 주택에
대한 구체적인 생각을 갖고 있었다. 예산에 대한 생각도
확고해서 불필요한 낭비는 허락하지 않을 것이며, 아내와 두
딸을 위해 희생한 시간을 오롯이 채워보겠다는 기대가 있었다.

　한참을 이야기하고 난 뒤, 그는 설계비를 물었다. 예산이
얼마냐고 묻자 그것과 무슨 상관인지 의아해했다. 일정과
업무 범위를 설명하고 개략 설계비를 설명해 주었다. 그는 꽤
언짢아하면서 노트를 꺼내 들었다. 한 페이지 가득 그가 만난
건축가들의 이름과 메모가 빼곡히 쓰여 있었다. 그는 이렇게
말했다. 그동안 나이가 많은 사람부터 적은 사람까지 소위
꽤나 이름이 알려진 사람 30여 명 만났으나, 당신은 그 정도는
아니라는 것이었다. 장차 사업에 도움이 되라며 덧붙여, 자기
생각으로 원로인 ㄷ과 중견인 ㅎ의 설계비로 유추해 볼 때
당신의 설계비는 3천만 원을 넘으면 안 된다고 했다. 설계비는

하는 일의 성격과 양보다 건축가의 명성과 나이에 따라
책정된다고 그는 믿는 것 같았다. 그는 나와 인연이 없었지만,
그의 기준에 적합한 나이와 명성을 갖춘 건축가와 전원주택을
지었길 바란다.

사다리 걷어차기

우리는 기성 제도나 시스템에 맞춰 산다. 사회에 첫발을 내딛는
젊은이들은 더욱더 그렇다. 전문인으로서 건축가의 첫 관문인
건축사 자격시험은 어쩔 수 없이 따르는 불합리한 시스템 중
하나다. 지난 5년간 건축사 자격시험의 합격률은 10% 남짓을
유지했다. 시험 출제 오류가 있었던 2015년 한 차례 큰 폭으로
상승했지만, 다음해 다시 평균치를 밑돌아 결국 평균 합격률을
유지하게 됐다. 해마다 차이가 있지만 매해 5천 명 안팎이
응시하는 이 시험이 1년에 내는 합격자 수는 겨우 5백 명 안팎인
셈이다. 이를 두고 절대 평가를 해야 하는 자격시험이 합격률을
정해놓고 수험생을 상대 평가하고 있다는 합리적 의심이
지속적으로 제기되고 있다.

해를 거듭해도 놀랍도록 일정하게 유지되는 합격률이
대한민국 건축인들의 자질 문제인지, 합격률 고르기의 문제인지
확실히 알 수는 없다. 2019년 건축사 예비시험이 폐지되면
인증제를 도입한 학교 졸업생을 제외한 다른 건축 전공자의
자격시험 통로가 막힌다. 문제가 코앞에 닥치니 해묵은 자격시험
개편의 목소리가 새삼 절실해진다.

얼마 전 건축사 시험 제도 개선과 관련된 간담회에서 시험을
관리하는 대한건축사협회 측 대리인을 만났다. 그는 합격률
고르기 의혹에 대해 그런 일은 없다고 부인하면서도 건축사들의
프로젝트 수주가 과거 1인당 연간 65개 동에서 최근 10개

동으로 열악해졌음을 강조했다. 이미 자격을 획득한 자들의
수주 환경을 보호하기 위해서 자격시험에 정원 제한을 두는
것이 타당하다는 생각이 짙게 깔려 있다. 기존 건축 시장에 있는
건축사들의 수주 환경을 위해 젊은 건축인들의 수를 통제하는 게
맞다는 것이다. 국가로부터 시험 관리를 위임받은 자들의 가치
기준에 의구심을 갖게 된다. 시장 보호라고 말하고 있었지만,
사실은 기성 제도 안에 있는 사람들의 방어 행위, 즉 젊은
건축인들의 진입을 막기 위한 사다리 걷어차기로 비칠 수밖에
없다. 제도로 방해하지 않아도 건축사 자격을 갓 획득한 젊은
건축가들 앞에는 시장이라는 큰 문턱이 있다. 시장의 엄혹한
검증을 받으며 뿌리를 내려야 하기에 그 첫 관문은 객관적이고
공정하기만 해도 될 것이다.

소규모 건축물 시장 규모는 한 해 70조 원이 넘는다.
건축사사무소는 5인 미만의 소규모 사무실이 전체의 75%에
이른다. 하지만 여전히 동네에서 양질의 소규모 건축물을
만나기가 쉽지 않다. 우리 동네 풍경은 70~80년대 집장사들이
장악한 뒤, 90년대 이후 건설사들의 브랜드 아파트에 의해
포위되었다. 아파트 개발 동력이 수그러들고 도시 재생의
필요성이 강조되고 있는 요즘, 더욱 양질의 젊은 건축가들의
시장 진입이 필요한 상황이다. 일거리가 적다고 기득권을 지키려
사다리 걷어차기보다는 양질의 젊은 건축가들을 지속적으로
육성해 시장에서 저변을 확대하는 것이 공생의 길이자 공공에
기여하는 길이다.

젊은 건축가 다이하드

45살. 젊은건축가상의 나이 기준에 관한 논쟁은 대한민국 건축
시스템과도 무관하지 않다. 다른 분야에선 은퇴를 꿈꿀 나이인데

건축 분야에서는 젊다고 한다. 사실 한 번 건축사사무소를 개설하고 나면 은퇴 연령이 따로 정해져 있지 않으니 원한다면 얼마든지 일할 수 있다는 점에선 젊다고 할 수 있겠다.

38살에 시드니 오페라 하우스 공모전에 당선된 요른 웃존은 우리 기준에 따르면 젊은 건축가였다. 우리나라 건축 토양에서 시드니 오페라 하우스는 지어질 수 있었을까? (국제 공모전에 제출한 그의 안은 심사 기준에 미달한 것이었지만 심사위원 중 한 사람이었던 에로 사리넨의 전폭적인 지지를 받으며 당선되었다.) 미학적으로 훌륭했던 웃존의 안은 구조적으로 구현이 매우 어려웠다. 오브 아럽이 참여한 모크업의 실패, 공사 지연과 설계 변경에 따른 예산 초과, 정권 교체에 따른 사퇴 압박으로 결국 웃존은 수석 건축가를 사퇴하고 호주를 떠나게 되었다. 그러나 14년의 공사 끝에 1973년 완공된 건물은 젊은 건축가의 비전대로 완공되었다. 우리는 같은 상황에서 프로젝트를 버리지 않고 완공할 수 있을까?

우리 공공건축은 건축물을 물건처럼 구매하는 조달청 방식을 따른다. 그러다 보니 계약 기준이 까다로워 제도권에 들어가기 위한 장벽이 높다. 제출 기준도 까다로워 결과물이 경직되기 일쑤다. 2010년 국립현대미술관 서울관 설계 공모에서 젊은 건축가였던 민현준의 안이 당선되었다. 당시 나는 공모 지침을 만드는 운영위원회에 참여해 공모 과정을 지켜보았다. 2단계로 이어진 공모는 문화체육관광부와 국립현대미술관, 운영위원회가 함께 만든 지침을 준수해 투명한 공모 운영을 통해 당선작을 냈다. 당선 이후 젊은 건축가는 대형 설계사무소와 컨소시엄으로 설계를 수행했지만, 끝까지 순탄치는 않았다. 패스트 트랙으로 진행된 공사는 여러 건설사의 컨소시엄으로 이뤄졌고, 시공 단계에 들어서자 설계자는 시공 현장에 진입하는 것조차 허락되지 않았다. 그는 그런 어려움을 SNS를 통해 토로했다. 젊은 건축가의 공공 프로젝트 진입은 가시밭길이었다.

최근 서울시교육청 신청사 국제 공모에서 젊은 건축가 이원석의 출품작이 당선되었다. 사업비 1천억 원 규모의 대형 공공 프로젝트의 당선작이 발표된 후, 젊은 건축가의 사무소 규모에 대한 우려의 말이 나온다. 데자뷔를 보는 듯하다. 사실 당선자의 사무실 규모보다 우려스러운 것은 공공 발주 시스템이다. 좋은 설계안을 보호하기 위한 장치의 부재가 더 큰 문제다. 설계사무소의 규모와 관계없이 프로젝트 진행을 체계적으로 관리할 수 있는 시스템이 마련되면 젊든, 작든, 좋은 결과물을 만들어 낼 수 있게 될 것이다.

다음 세대를 위한 준비

좋은 건축은 삶을 풍요롭게 한다. 건축이 중요한 이유다. 90년대 중반 건축이 수험생들에게 폭발적인 관심을 받던 시절이 있었다. 좋은 학생들의 유입은 대학 내 건축학과의 전성기를 이끌었지만, 1998년 IMF로 인한 경제 한파와 함께 건축 시장이 경직되면서 당시에 개소한 젊은 건축가들은 채 피어 보지도 못하고 사무실을 접어야 했다. 이들이 남아있었더라면 지금 중견 건축가 층은 훨씬 견고했을 것이다.

이러한 사회경제적 영향이었을까? 건축학과의 인기는 시들해졌고, 건축학과의 꽃이라 여겨졌던 건축설계를 전공하고자 하는 이들의 수는 급격히 줄어들고 있다. 좋은 학생의 유입은 고사하고 존폐의 위기까지 제기되고 있는 것이다. 젊은 건축가들이 경험하고 있는 불확실한 미래는 그들의 선택을 더 망설이게 한다. 그래서 더 절박한 마음으로 젊은 건축가들이 잘 자리 잡기를 바란다.

가톨릭교회는 최근 교회 노령화를 크게 우려하고 있다. 젊은 사제나 수녀들이 급격히 줄어들면서 오랜 시간 이어온 가톨릭교회 공동체의 삶이 지속되기 어렵다는 위기감이 높아지고 있기 때문이다. 가톨릭교회는 종교적 신념을 바탕으로 세대 간 돌봄을 통한 공동체 삶을 누린다. 이 공동체의 삶은 자급자족적 노동을 토대로 지탱되는데, 돌봄을 이어줄 세대가 점차 줄어들고 있는 것이다. 어느 사회나 개체수 감소는 큰 위기다. 사회의 생산을 책임질 젊은 세대의 감소는 모두의 생존을 위협한다.

인구학자 조영태는 2030년 대한민국의 미래가 지난 2015년 일본의 미래보다 어둡다고 말한다. 인구 감소와 노령화가 생각보다 빠른 속도로 이뤄지고 있다. 건축계는 여기에 어느 정도 준비가 되었을까? 답은 젊은 건축가에게 있다. 그래서 젊은 건축가들이 학교에서 양질의 교육을 받고, 공정한 절차를 통해 전문인이 되고, 합리적인 시스템에서 건축가로 자리 잡을 수 있는 환경을 마련하는 것이 중요하다.

누구나 집에 산다. 주거 환경이 좋아지면 삶은 좋아진다. 그렇게 건축은 사람들의 삶과 가까이 있다. 우리 땅에 사람들이 사는 한 우리는 계속 집을 짓고 살 것이다. 그래서 우리는 좋은 건축가가 계속, 더 많이 필요하다. 다음 세대에 좋은 삶과 환경을 물려주기 위해 우리는 좋은, 젊은 건축가가 자랄 수 있는 토양을 만들어 주어야 한다.

젊은건축가상의 유효기간

박성진

'젊은건축가상의 유효기간'에 관한 원고를 청탁받고는 젊은
건축가에 대한 관심이 어제오늘 일도 아니고, 젊은건축가상 또한
10년이 넘었는데 왜 새삼스레 또 젊은 건축가일까 생각했다.
아마도 그 출발점에서 그들 세대와 지금의 현상에 대한 의심,
그리고 전환적 모색을 기대하는 것 같다. 유효기간이라는
말 자체가 모종의 문제의식에서 비롯된 것 아니겠는가.
그렇지 않아도 젊은 건축가라는 계층이 상품화되고 지나치게
소모적으로 소비되고 있다는 생각을 지울 수 없던 참이다. 이
상을 밖에서 바라보며 응원하는 한 명의 건축인으로, 그리고
젊은건축가상 단행본의 필자와 에디터로 참여한 경험을
바탕으로 냉정과 열정을 오가며 생각을 적어보려 한다.

젊은 건축가

젊은건축가상이라는 고유명사를 거론하기 전에 '젊은
건축가'라는 보통명사 이야기를 먼저 해보자. 우리는 언제부터
젊은 건축가라는 말을 쓰기 시작했을까? 2000년대 초반
건축전문지 기자로 일할 때 '중진', '기성', '원로' 등의 수식어를
익숙히 사용했지만 '젊은'이라는 형용사를 쓴 기억이 없다. 당시
젊은 건축가라고 해봤자 손에 꼽을 만한 시절이었고, 필요할
때마다 그들을 돌려막기식으로 동원해 활용했다. 언어도
생소했고, 양적으로도 빈곤한 시절이었다.

1966년 창간된 월간 「공간(SPACE)」의 총목차에서도
'젊은'이라는 수식어는 전적으로 예술가와 미술가를 위한

것이었다. 건축에서는 1988년 5월에 가서야 '한국의 신진
건축가'라는 타이틀로 처음 등장한다. 이후 1998년 '40, Under
40' 특집과 2011년 '젊은 건축가가 그려가는 새로운 지형도'
특집이 전부인데, 이렇게 보면 1988년 이후 대략 10년에 한번
꼴로 그들을 다룬 셈이다. 그러니깐 새로운 인물들이 수혈되는
시간을 기다려야 할 만큼 젊은 건축가라는 이슈와 현상이
두드러지지 않았다는 뜻이다. 그랬던 것이 2011년 이후 봇물
터지듯 연이어 등장하기 시작한다.

　건축의 보수적인 속성과 복잡다단하고 경험 중심적인
실무 성향, 여기에 5년제로의 학제 개편과 바늘구멍보다
좁다는 건축사 시험 합격률을 감안한다면 디자인, 예술 분야에
비해 건축가에게 독립은 뒤늦게 찾아오는 사십춘기와 비슷할
것이다. 이렇게 상대적으로 불만족스러웠던 신진 작가에 대한
소비가 갑자기 폭발한 것인지, 아니면 공급 측면에서 실제
시장에 진입한 신진의 수가 증가한 것인지는 모르지만 우리
건축계와 사회는 젊은 건축가에 갑자기 빠져든다. 그들만을 위한
수상제도와 공모전을 비롯해, 지식 연대 포럼과 가벼운 파티,
그리고 협회 내 위원회 등이 젊은 건축가를 앞세우고,
여기에 전문지와 대중지 구분 없이 앞다투어 젊은 건축가를
다루기 시작했다. 흡사 지금 아니면 때를 놓치는 잘 팔리는
상품처럼 말이다.

　이런 현상을 증폭시킨 계기가 바로 문화체육관광부에서
주최하고 새건축사협의회, 한국건축가협회, 한국여성건축가협회가
공동으로 주관하는 젊은건축가상이라고 본다. 젊은 건축가라는
비공인 그룹과 현상을 공공기관이 처음으로 인정하고 받아들여
하나의 제도로 발전시켜 나간 것이다. 대중 언론 속에서 젊은
건축가가 처음으로 언급되는 것도 이 상이 생겨나기 시작한

2008년 무렵이다. 그래서 이 수상제도는 한국 젊은 건축가들의 양상과 지금의 현상에 막중한 책임을 지고, 바람직한 미래를 그려야야 할 과제를 안고 있다.

젊은건축가상

2008년부터 시작한 젊은건축가상의 면면을 살펴보자. 먼저 가장 큰 특징은 이 상이 건축물이 아닌 사람에게 주는 데 있다. 2016년 젊은건축가상 수상자 임미정(stpmj 공동대표)은 한 매체와의 인터뷰에서 "젊은건축가상은 특정 시기에만 받을 수 있는 상이기 때문에 의미가 남다르다"며 "스스로를 돌아볼 수 있는 계기이자 우리 팀의 행보에 대한 타인의 시각을 확인할 기회였다"고 말한다. 건축주 운발에 기대어 어쩌다가 좋은 작품 하나 했다고 받는 상이 아니다. 홀로서기를 시작하며 직면하는 현실적 고뇌와 건축적 사유가 밀도 있게 뒷받침되어야 하고, 여기에 (뒤에서 거론하겠지만) 심사위원장 운때까지 맞아야 한다. 이때를 놓치면 건축가에게 주어지는 상은 협회 공로상이나 특별상쯤 되는 한참 지난 후의 일일 것이다. 지자체나 협회가 운영하는 건축상 대부분이 엄밀하게 말해 건축물이 대상이다.

이런 매력 요소와 어려운 시장 상황 속에서 기회를 만들려는 젊은 건축가들의 노력이 계속 이 상에 쏠려왔다. 해를 거듭할수록 지원자가 늘어나고, 반대로 수상팀은 줄어든 상황이다. 시행 초기 10여 팀 가운데 많게는 5팀을 뽑기도 했는데, 올해만 하더라도 31개 팀이 지원해 최종 발표에 3팀이 선정되었다. 역대 최고 경쟁률이라고 하는데, 그러니 이 상에 도전하는 사람 중에는 재수, 삼수까지 하는 경우를 더러 만나게 된다. 날이 갈수록 상의 위상은 사회적 물결 속에서 더 높아지고 있는 게 사실이다.

그렇지만 상이라는 것이 받으려는 쪽이든, 주려는 쪽이든 어느 정도 목적과 의도를 가질 수밖에 없다. 받으려는 이의 목적이 수주 가능성 확장이든, 자기 PR이든, 유명 건축가 그룹으로 진입이든, 기성으로부터 인정이든, 뭐든 있기 마련이다. 그래서 이 글이 말하는 젊은건축가상의 유효기간은 어쩌면 수상자들에게 이 수상의 효력이 얼마나 가는가로 돌려 물을 수 있다. 입신양명의 발판으로, 얼마나 높이 그리고 멀리 뛰게 해줄 것인가. 분명 이 상은 작가 세계로의 진입 관문을 넘는 데는 매우 유효하다. 하지만 그 관문을 넘어서게 해 주지만 이후의 동력으로 계속 작동진 않는다. 그렇다면 이 상의 수상이 그들의 현실적 문제인 수주에 도움을 주고 있을까? 이 부분에서 유효기간에 대한 판단은 유보적일 수밖에 없으나 주변의 개인적인 대화들 속에서 채집한 진술에 의하면, 그 영향이 매우 미미하다. 최근 들어서는 더 그렇다. 건축가들에 대한 정보가 넘쳐나고, 접촉 경로와 플랫폼이 다양해지면서 과거처럼 단순한 수상 이력 몇 줄에 의존하지 않아도 되는 많은 판단 기준이 생긴 것이다. 반대로 말하면 상을 주는 것만으로 '좋은 작업에 정진할 수 있는 계기를 제공'한다고 말하기 어렵다.

느슨하고도 선명한

다른 한편으로 젊은건축가상의 유효기간을 묻는 건 제도의 유효성과 의미, 그리고 존재 가치를 확인하는 작업이다. 공교롭게도 올해 11주년을 기념해 이전 수상자들이 참여한 전시회가 함께 열렸고, 젊은건축가상 홈페이지가 따로 개설되었다. 그래서 혹시나 하는 마음에 전시와 홈페이지를 세심하게 살폈다. 웬만한 건축가들과 작품들은 이미 다 알고 있는 상황이었지만 그래도 난생 처음 보는 작업처럼

뚫어져라 계속 읽어 갔다. 연도를 건너뛰어 가며 보이지 않는
선으로 연결고리를 그려 보려 했다. 젊은건축가상 수상자와
수상작품으로 한국 건축계의 지형이나 방향성을 읽을 수 있지
않을까? 수상자들을 꿰어 가다 보면 어떤 통사나 흐름이
읽혀지지 않을까? 하지만 단언컨대 그들 속에서 읽어낼 수 있는
공통의 이슈와 언어, 구법은 없다. 45세 이하의 특정 세대에
한정된, 그 속에서도 아주 일부에 해당하는 수상자 집단에서
무언가 읽어 내기란 애초에 불가능한 독해였을지 모른다. 다만
공공에서 주최하는 상인 만큼 건축가의 윤리와 사회성은 계속
중요한 심사의 잣대로 유지되어 왔음을 느낄 수 있다. 그 점
외에는 '진지하고 재능 있는', '창의적이고 진취적인' 같은 매우
느슨한 프레임으로만 수상 요건을 규정하고 있기에 한국 건축의
한 단면이라고 하기엔 세대 이외에 다른 스토리를 찾기 어렵다.

　　오히려 심사위원의 구성과 변화가 상의 운영에 더 큰
영향을 주고 있다. 2년마다 심사위원장이 교체되면서 수상자
선정 기준도 함께 움직인다. 그러니 심사위원(장)이 건축에
관해 갖고 있는 태도에 따라 지원자들의 명암이 엇갈린다.
2015년 심사위원장 민현식과 2016년 심사위원장 유걸 모두
훌륭한 건축가라는 것에는 이견이 없지만 그들의 건축적 관점과
태도, 언어는 한자리에 섞이기 어렵다. 기술, 조형, 미학, 혁신,
윤리 등등, 이 가운데 무엇을 중요하게 생각하는지는 때마다
다를 수밖에 없다. 그래서 11주년의 전시장에 수상자들뿐만
아니라 심사위원(장) 명단이 함께 열거되었더라면 어땠을지
문득 생각이 들었다. 간혹 심사위원장의 태도와 관점에 대한
불만들이 고배를 마신 이들에게서 터져 나오지만, 그렇다고 매년
명문화된 똑같은 기준을 갖고 선정해서 될 일은 아니다. 다만
해가 거듭되고 심사위원장이 바뀌더라도 상의 기본적인 노선과

성격에 따른 심사의 주요 척도들은 정할 필요가 있다.

수상 그 이후

이 상의 유효기간에 관해 말하려면 먼저 과연 이 상이 주최 측이 표방하는 취지를 진지하게 달성하고 있는가를 물어야 한다.

'젊은건축가 지원사업은 창의적으로 역량 있는 젊은 건축가들을 발굴하고 홍보함으로써 건축의 문화적 저변을 확대하고, 이들에게 각종 공공 프로젝트에 참여할 기회를 제공, 지속적으로 성장할 수 있는 지원을 통해 건축 및 도시문화 창달에 기여할 수 있도록 하기 위함이다. … (중략) … 그들의 생각을 펼쳐갈 수 있는 기회들을 제공하고, 또 가능한 제도적이고 실질적인 도움을 주고자 한다. … (중략) … 현실적인 어려움들을 좀 더 쉽게 극복하고 좋은 작업에 정진할 수 있는 계기를 제공하고자 하는 것이다.'
　　— 젊은건축가상 취지문 가운데 발췌

수상자들은 수상을 전후해 언론에 알려지고, 전시와 출판의 기회를 갖는다. 홍보라는 측면에서는 개인이 하기 어려운 것들을 경험하니 가치 있는 일이다. 그러나 상장과 상패, 그리고 전시와 출판만으로 위 취지문의 거창한 문구들이 실현되고 있다고 보긴 어렵다. 특히 '공공 프로젝트에 참여할 기회를 제공', '제도적이고 실질적인 도움', '작업에 정진할 수 있는 계기' 등은 아직 요원해 보인다. 2013년부터 국토교통부와 대한건축사협회가 젊은건축가상의 대항마로서 신설한 대한민국 신진건축사대상은 '중앙건축위원회 위원 추천 및 국토환경디자인 시범사업 민간전문가 등으로 위촉 우선 검토'와 '신진건축사 멘토링 프로그램을 통한 대학생 인력 고용 지원'

등 구체적인 지원 방안을 그나마 밝히고 있다. 젊은건축가상이
문화체육관광부라는 주최 기관의 특성상 전시와 출판에 포상이
집중되지만, 이후 지속적인 지원책은 부재하다.

2011년 새건축사협의회에서 젊은건축가상 수상자를
대상으로 전쟁과여성인권박물관 지명현상설계 공모를 열었고,
그 결과 와이즈건축이 설계를 맡았다. 하지만 그 뒤로는
이 같은 지원과 기회가 계속 이어지진 못했다. 해외의 경우
하버드대학교(GSD)의 휠라이트상은 실무 세계에 막 들어선
건축가를 대상으로 특정 주제를 연구할 수 있는 재정적
지원(상금 10만 달러)과 강의, 연구 발표의 기회를 준다.
SOM상은 건축, 도시 관련 학과를 졸업하거나 공부 중인 학생을
대상으로 5만 달러의 상금을 수여하여 특정 주제를 심도 있게
연구할 수 있도록 돕는다고 한다. 우리도 그냥 상장과 상금
얼마를 주고 격려하는 게 아니라 그들이 건축에 대한 탐구를
이어갈 수 있도록 지속적인 관심과 지원이 필요하다.

젊은건축가상의 운영 방식에도 시선을 돌려 볼 필요가
있다. 11회에 걸친 포스터는 모두 다른 디자이너가 맡았던 만큼
형형색색 저마다 다른 분위기와 인상을 갖고 있다. 하지만
그 내용은 모두 같다. 전시회, 출판기념회, 젊은건축가와의 대담,
이 세 가지 행사 구도가 11년째 이어지고 있다. 건축의 생산
방식이 크게 달라진 것처럼 건축 소비 방식에도 많은 변화가
일었다. 이런 변화에 맞춰 젊은건축가상의 기획 자체가 이제는
달라져야 할 때이다.

변화 없이 11년을 반복해 온 것은 아니다. 그 사이 많은
시행착오를 거쳐 지금의 안정적인 형식을 갖춘 것이다.
기억하기로는 젊은건축가상에 대한 큰 논란이 세 가지 정도
있었다. 첫 번째는 건축사 면허 유무에 따른 수상 자격 논란이다.

이는 공공기관 주도의 제도권 수상제도에서는 늘 불거졌던
이슈인데, 이후 국내외 건축사 자격을 취득한 개인이 팀 내
한 명 반드시 있어야 하는 것으로 정리되었다. 그럼에도
불구하고 실제적인 설계자는 아닌데 면허상의 대표이기에 상을
타는 상황은 제도와 현실 사이의 모순으로 여전히 남아 있다.
두 번째는 젊은건축가상의 전신인 KAI신인건축가상 당시
대형 설계사무소 소장이 수상했던 부분이다. 대형 회사의
분업화된 업무 구조 속에서 대표도 아닌 특정 직원이 수상자가
될 수 있느냐는 문제였다. 그리고 세 번째가 심사위원장과
수상자 사이의 인맥 문제다. 이렇듯 수군거림과 공식적인 문제
제기들이 있었지만 젊은건축가상은 이를 계속 보완해 가며
진화를 거듭해 왔다.

유효기간을 넘어 서서

2000년 이전만 하더라도 젊은 건축가는 만 40세 이하로
규정되었다. 그것이 45세로 늘어난 것은 그만큼 독립과 작업이
힘들어졌기 때문인지, 아니면 산업과 사회의 변화를 반영한
것인지 정확히 알 수 없다. 다만 건축설계산업과 내부의 세대
구성이 변하고 있는 것은 확실하다. 건축의 외연과 건축가의
직능, 건축을 만들어 가는 수단과 방식, 모든 것이 빠르게
변하고 있다. 젊은 건축가는 이런 변화에 가장 먼저 민감하게
반응하는 계층이다. 그래서 그들에게 고전적인 의미의 건축가
역할을 주문하거나 그와 같은 잣대로 수상제도를 끌고 가는
것은 한계가 분명해 보인다.

유효기간이 끝났다 아니다라는 이분법적 판단보다는
어떻게 지속해 갈 수 있을까라는 발전적인 고민과 전망이
필요하다. 굳이 이분법적 판단을 요구한다면 나는 아직

유효기간이 끝나지 않았다고 답할 것이다. 왜? 한창 때와는 온도 차이가 있지만 그래도 여전히 젊은 건축가는 사람들이 즐겨 찾는 카테고리이자 매력적인 상품이다.

젊음은 어떤 한 순간을 가리킨다. 매 순간 변화하는 우리에게 젊음은 한때일 수밖에 없다. 이 상이 가치있는 것도 그 한때를 빛내 주기 때문일 것이다. 우리 주변에서 유효기간의 기준은 저마다 다르다. 식품은 생물학적인 부패이며, 전기 장치는 보증기간 만료이며, 프로그램은 호환성 저하이다. 이런 관점에서 젊은건축가상의 유효기간은 그 종 다양성이 사라질 때 다할 것이다. 젊은건축가상이 우리 건축 생태계의 종 다양성에 얼마나 기여하느냐, 기성에서는 찾아볼 수 없는 새로운 종의 출현을 얼마나 독려하느냐가 바로 이 상의 유효기간을 계속 갱신해 갈 것이다. '젊은'은 나이가 아니라 태도와 혁신, 그리고 실험을 말하는 수사이다.

불확실한 기획: 미술관 안 젊은 건축가?

정다영

"그들은 건축이 아니라 미술관이나 갤러리 같은 예술 세계의 전시나
공간 구성을 통해 자신의 재능을 드러내고 있습니다. 그런 신세대
건축가들을 저 혼자 '파빌리온 계열'이라고 부릅니다."[1]

구마 겐고(Kengo Kuma)는 자신이 쓴 책 『나, 건축가 구마
겐고』에서 건축가의 유형을 "20세기형 건축가"와 차세대
건축가인 "파빌리온 계열"로 구분한다. 주로 30-40대 건축가인
파빌리온 계열의 건축가들은 최근 한국에서도 쉽게 찾아볼 수
있다. 건축 전문 제도기관은 아니지만 건축과 디자인, 영화를
포함한 시각예술 전반을 연구하고 전시하는 국립현대미술관은
국내에서 파빌리온 계열 건축가들의 작업을 선보이는
중요한 기관 중 하나다. 화제가 되었던 프로젝트 중에는
국립현대미술관과 뉴욕현대미술관(MoMA)이 공동주최하고
현대카드가 후원하여 개최했던 '젊은건축가프로그램(YAP)'이
있다. 이는 2013년 서울 도심에 새롭게 건립된 국립현대미술관
서울관 마당 한복판에 여름용 파빌리온을 짓는 프로젝트였다.
2014년부터 2017년까지 일 년에 한 번, 총 네 차례의 작품을
선보인 YAP는 추천인을 통해 만 45세 이하의 젊은 건축가들을
추천받고, 그들의 포트폴리오를 심사해 최종 후보군을 선정했다.
후보군은 각자 설계안을 프레젠테이션하고, 심사위원들이
최종안을 선정했다. 주최 측과 후원사의 명성과 이들의 지원

1   구마 겐고, 『나, 건축가 구마 겐고』, (서울: 안그라픽스, 2014), 35.

그리고 경복궁 바로 옆이라는 역사적 장소를 비롯한 여러 장점이
이 프로그램의 매력을 배가시켰다. 많은 젊은 건축가가 응모했고,
국립현대미술관은 한국의 젊은 건축가를 지원하는 중요한 역할을
수행하는 듯 보였다. YAP 당선작은 한여름 가장 흥행한 '전시'로
미술관 관람객 수 증대에 결정적으로 기여했다. 건축이 미술관
안에서 긍정적으로 깊이 각인되는 특별한 시기가 해마다 3개월
정도 지속된 셈이다.

선행되어야만 하는 경험

YAP 이전에 국립현대미술관에서 열린 건축 프로젝트를 생각해
보자. 한국에서 건축이 미술관으로 들어온 역사는 그리 길지
않다. 국립현대미술관의 10개의 소장품 부문 중 건축이 단독으로
존재하지만[2], 이는 미술관의 의지라기보다 소장품을 수집할 당시
국전에 건축이 포함되어 있었던 이유가 크다. 국립현대미술관이
전시라는 가시적인 사업을 통해 건축을 선보인 일은 드물었다.
2019년 올해 개관 50주년이 되는 국립현대미술관 역사에서
한국 건축가를 단독으로 조명한 첫 개인전이 1990년에
열린 〈건축가 김수근〉이었다. 그 이후에는 건축학회 등 관련
단체들이나 외부 전문가와 협업하여 올린 전시가 간혹 개최되는
정도였다. 그런 가운데 국립현대미술관이 한 해의 가장 중요한
아티스트를 선정해 개인전을 올리는 〈올해의 작가상〉에 당시
50세였던 건축가 승효상이 2002년 작가로 선정된 것은 매우
이례적인 일이었다. 건축은 그렇게 10년에 두세 번의 전시를 통해
미술관이라는 자장 속에 개입했다.

2　국립현대미술관의 소장품은 한국화, 회화, 드로잉·판화, 조각, 뉴미디어, 공예, 사진,
　서예, 디자인, 건축 10개 부문으로 구성되어 있으며 그 중 건축은 전체 소장품의
　0.1%에 지나지 않는다.

    이런 일들이 더욱 빈번해진 것은 2010년 이후의 일이다.
글로벌 금융 위기 이후, 건축이 건물을 짓는 것을 떠나 다양한
실천을 탐색하기 시작한 것은 전 지구적인 현상이었다. 건물을
지을 수 있는 장소와 자금이 부족하다는 악조건은 또 다른
돌파구를 모색해야만 한다는 것을 알려주는 신호였다. 거칠게
말해 파빌리온 계열의 건축가들은 건축을 둘러싼 이러한
사회적 조건들과 무관하지 않다. 한편 오늘날 파빌리온은
"가치의 전복을 꾀하고 있는 현대미술과 마주하고" 있는
장으로서 현대미술이 관람객과 관계를 맺을 수 있는 장치로
고안되고 있다.[3] 미술관은 시각예술문화 전반을 포섭하려는
야심 찬 기획 속에서 파빌리온을 포함한 여러 사업에 젊은
건축가들을 초청했다. 물론 세계적으로 건축과 미술의
경계가 흐려지고 그 둘 간의 협업이 잦아진 것도 자연스러운
배경이었다. 국립현대미술관은 서울관 신축 등 기관 규모를
증대시키면서 필자와 같은 건축 전문 큐레이터들을 채용하며
건축 분야의 활성화를 꾀했다. 하지만 미술가와 건축가의
활동무대는 근본적으로 다르기에 어떤 건축가를 섭외하느냐가
미술관에서는 중요했다. 큐레이션의 맥락을 이해하고 유연한
예술적 실천이 가능한 건축가를 선택해야 했는데, 그 기준
중에는 건축가의 젊음이 중요한 준거였다. 물리적으로 젊다는
것에는 유연한 사고와 여러 제약 조건을 관대하게 이해하리라는
믿음이 깔려 있다.
    지금은 익숙해 보이는 파빌리온 프로젝트조차 2010년대
초반만 해도 미술관에서 진행하기 어려운 사업이었다. 그때만

---

3   이수연, "미술과 파빌리온: 마주하는 경계", 『파빌리온, 도시에 감정을
    채우다』(서울: 홍시커뮤니케이션, 2015), 168.

해도 전시라는 것은 무릇 전시장 안에서 이루어져야 했고, 미술관 건물 밖에서 무언가를 짓는다는 것은 선례가 없는 일이었기 때문이다. 선례라는 것은 미술관 입장에서 매우 중요한 맥락이다. 새로운 사업을 한다는 것은 큰 위험 부담을 안고 가야 하는 것을 뜻했고, 기존 매뉴얼로는 작동할 수 없는 체계이기 때문이다. 그 체계를 만드는 것이 프로젝트의 핵심이다. 작가와의 계약 방식, 작품의 설치 과정, 작품 관리원들의 배치, 작품의 운영 방식 등 기존 미술 작품과는 완전히 다른 새로운 형식의 매뉴얼을 만드는 것은 건축가뿐만 아니라 담당 큐레이터에게도 무척이나 어렵고 고단한 일이다. 작품을 만드는 것을 본격적으로 착수하기 전부터 그들은 이 불확실한 기획 속에서 길을 잃기 쉽다.

퇴적되지 못하는 시간

YAP는 기존에 MoMA가 1998년부터 MoMA PS1에서 성공적으로 만들어 온 〈Young Architects Program〉의 형식적 틀을 대체로 따른다. 이 형식은 1932년에 세계 최초로 건축디자인분과(Department of Architecture and Design)라는 제도를 구축했던 MoMA의 역사적인 토대 위에서 고안된 것이다. MoMA가 YAP를 네트워킹 형식으로 다른 국가로 확장하는 시도는 이 프로그램이 계속된 선례와 유의미한 경험들을 만들어 그 자체가 연속된 국제적인 건축 지원 프로그램으로 남고자 하는 것이다. 비록 한국에서는 2017년을 끝으로 막을 내렸지만, 국립현대미술관은 자체적으로 새로운 공모 형식을 개발해 파빌리온 프로젝트를 이어가려는 계획을 하고 있다. 또한 국립현대미술관은 YAP 이전에 이와 관련된 선행 경험들이 있다. 2011년 청계광장에서 열린 양수인의

〈있잖아요〉, 2012년 서울대공원과 국립현대미술관 과천관
야외조각공원에서 진행한 김찬중의 〈아트폴리 큐브릭〉이
그것이다. 한편 서울관에서 YAP가 열릴 즈음 과천관에서는
'회랑 프로젝트'라는 이름으로 2017년에는 와이즈건축의
장영철, 2018년에는 서승모가 휴게 공간 겸 실내 파빌리온
프로젝트를 선보이고 있다.

하지만 이러한 선례가 있을지언정, 젊은 건축가들의 미술관
내 활동을 일시적으로 성사된 이벤트가 아니라 건축 분야의
유산으로 퇴적시키는 것은 쉽지 않은 일이다. 그것은 건축가의
젊음과는 무관한, 미술관이 건축을 취하는 정책적 입장과
관련이 있다. 특히나 젊은 건축가들은 미술관 안에서 종종
문제 해결사의 역할을 요구받는다. 혹은 예상치 못한 변수로
인해 발생한 미술관의 사업적 공백을 간결하게 메우는 역할도
요청받는다. 발주처인 미술관은 이들에게 단순히 시각적인
감상만을 필요로 하는 작품을 의뢰하지 않는다. 복잡한
제약조건들이 딸려 있으나 특정 기능과 결부된 미술관의 요구를
건축가들이 합리적이고 명쾌하게 해결해주길 원한다. 다시 한번
구마 겐고의 말을 인용해보자. "예술가가 미술관에서 전시를
하면, 그가 수십 년간 축적한 것을 잔뜩 모아야 겨우 공간과
전람회의 밀도가 완성됩니다. 하지만 건축가가 공간 구성을 하는
경우, 경험이 없어도 꽤 쉽게 완성도가 높은 공간을 만들 수
있죠. 그것은 그야말로 건축이 지닌 전투 능력의 결과입니다."[4]

"건축이 지닌 전투 능력"은 꼭 건축 전시나 프로젝트가
아니더라도 미술관의 전시 디자인을 실험하거나 새로운 운영
방식을 모색하는 데 많은 도움이 된다. 미술과 다른 건축의

---

4   구마 겐고, 『나, 건축가 구마 겐고』, (서울: 안그라픽스, 2014), 37.

작동방식을 이해하는 데 다소 시간이 걸릴지라도, 지난 10년에
가까운 경험들은 분명 국립현대미술관에도 여러 참조점을
획득하게 했다. 하지만 역설적으로 이러한 방식은 미술관에서의
건축이 체계적인 계획을 갖고 쌓아 간다고 말하기는 어렵다는
것을 보여준다. '지원' 혹은 '프로그램'이라는 이름에 걸맞은
온전하고 지속적인 기획을 문제 해결사의 역할에서 찾을 수는
없다. 한 연구자의 말처럼, 미술관에서 건축의 시간은 "누적되는
발전의 시간이라기보다 언제나 미처 예측하지 못한 악조건
속에서 고군분투하는 시간에 가까웠다."[5]

불완전하지만 보다 확실한

그렇다면 이제 우리는 문장 속 부사를 바꿔봄으로써 어떤
전환의 시기를 만드는 것에 동참해야 하지 않을까. 젊은
건축가들이 미술관에서 '무엇을' 할 것인지 기대하는 것보다
'어떻게' 할 것인지를 탐색하는 일로 말이다. 미비할지언정
건축이 미술관에서 하나의 독립된 수집 체계를 갖고 소장품과
아카이브로 축적되고 있는 것은 분명한 사실이다. 아직은
원로나 작고 건축가 위주이나, 최근 국립현대미술관은 1년에
1-2회 건축가의 개인전을 열고 있다. 10년 전과는 확실히 다른
양적 성장이다. 미술관이 건축을, 혹은 건축이 미술관을 일종의
동사처럼 경유하는 것은 무척 자연스러운 일이 되었다. 따라서
우리는 그다음 단계로 건축이 미술관에서 어떤 방향으로
축적될 수 있을지, 혹은 미술관이 건축을 어떻게 정책적으로
구상할 수 있을지 제도적인 구조의 틀에서 생각해봐야 할

---

5   윤원화, "문서를 재생하기: 미술관에서 건축을 어떻게 전시할 것인가", 『종이와
     콘크리트: 한국 현대건축운동 1987-1997』 (서울: 국립현대미술관, 2017), 268.

것이다. 이것은 젊은 건축가가 미술관에서 호출되는 방식을 더 개선하고 생산적인 담론을 만들어내기 위한 출발선일 수 있다. 미술관에 들어온 건축 작품을 전시라는 무대로 올리는 제반 과정뿐만 아니라 전시 사후의 작품 경로에 대해 진지하게 모색하는 일에 대해서 고민해야 한다. 작품의 라벨링을 어떻게 작성하느냐의 미시적인 차원부터 이 작품이 전시가 끝나고 다시 작가(건축가)의 품으로 돌아갈지 아니면 다른 소장가에게 갈지 그 작품의 이력에 대해 건축적인 방식의 새로운 유형을 고안하는 일이 숙제로 남아 있다.[6]

　　넓게 봤을 때 이 모든 것들은 건축 기획이라는 통합적인 사고의 맥락에서 검토될 필요가 있다. 학교를 졸업하고 실무를 시작한 건축학도들에게 미술관은 흥미진진한 작업의 장소가 될 수도 있다. 2000년대 파빌리온 계열로 호출된 젊은 건축가들의 뒤를 이어 '차세대 파빌리온 계열'이 등장하고 있다. 이들이 처한 조건은 지난 10년 동안의 시간과는 또 다르다. 건축이 건물이 아닌 형식으로 구상되고 실현되는 일련의 과정을 '건축 기획'이라는 이름으로 부를 수 있다면, 학교 교육에서부터 건축 큐레이팅의 실천적 가능성을 펼쳐 보이는 것이 필요하다. 불확실한 기획의 여정을 맨몸으로 헤쳐나가는 것이 아니라 불완전할지언정 이제 조금은 더 확실해진 기획의 배경 속에서 흥미로운 여정을 시작하는 일, 그것이야말로 젊은 건축가들을 지원하는 프로그램으로서 가치를 획득하는 일이 아닐까.

6　국립현대미술관 YAP의 경우 전시 후에 2015년 당선작인 SoA의 "지붕감각"과 2017년 당선작인 양수인의 "원심림"이 외부 소장가들에게 판매되었다. 이는 국내에서 아직까지 이례적인 일이지만, 앞으로 이러한 건축 작품의 소장 가치와 그것의 구입, 그리고 이와 관련된 여러 제도적 지원에 관한 논의가 활발해질 것으로 보인다.

인디 건축가의 시작: 젊은건축가포럼코리아

하태석

2006년 신인건축가상을 받고 나서 상의 명칭을 '젊은건축가상'으로 바꾸자고 제안했었다. '젊은건축가'라는 단어가 주는 힘이 느껴졌기 때문이었다. 당시만 해도 흔히 쓰지 않는 단어이기도 했지만, 우리 사회에 젊은 건축가가 필요하다고 느꼈다. 나에게 젊은 건축가는 새로운 방법으로 건축을 하고 새로운 방식의 삶을 제안하고 도시를 바꿔나가는 사람을 의미했다.

몇 년 뒤 〈젊은건축가포럼코리아〉를 준비하기 시작했다. 2011, 2012년에 걸쳐 거의 2주에 한 번씩 서래마을에서 저녁 회의를 했다. 초기에 모였던 멤버들은 건축가 이정훈, 유현준, 전숙희, 이기용, 신승수 씨였고, 곧 건축가 서승모, 기자 구본준, 큐레이터 정다영 씨가 합류했다. (신승수 씨는 실제 초대 멤버로 활동하지는 않았다.) 이어서 건축가 국형걸, 기획자 임진영, 임여진 씨가 초대 멤버로 합류했다. 우리가 한 첫 번째 일은 젊은 건축가를 정의하는 것이었다.

"만 45세 이하 중 작품 발표, 전시, 수상 등을 통해 등단한 건축 저작자"가 초기의 정의였다. (이 정의의 진화는 지금의 젊은 건축가들의 몫이다.) 기성 건축가들이 젊었을 때는 일이 꽤 많았다. 1997년 겨울을 넘어 2000년대가 오자 젊은 건축인들은 모두 대형사무소로 향했다. 2000년대 젊은 건축가는 흔한 종족이 아니었다. 우리는 뭔가 스스로 나서야 할 때 임을 감지하고 있었다. 젊은건축가포럼코리아의 결성은 순전히 자발성에 있었다. 누군가 상을 차려 주기 전에 스스로 나서야 할 것, 이 사회적 자발성이 포럼의 근원이다.

　　건축가들은 어떤 이유에서인지 사회와 도시 문제에 개입하여 질문을 제기하기보다는 제기된 질문에 답을 하는 역할에 순응해왔다. 우리가 직면한 도시문제를 정의하기보다는 누군가가 만든 문제에 답을 하기 바빴다. 당대의 도시와 사회 이슈에 대한 문제를 정의하는 역할이 건축가에게 필요하다고 생각했다. 스스로 문제를 정의하고 스스로 행동하는 건축가, 나는 이런 건축가를 '인디 건축가(independent architect)'라고 부른다. 이런 건축가들이 활동하는 도시는 정말 멋진 도시일 거라 생각했다. 젊은건축가포럼코리아는 인디 건축가의 시작이었다. 젊은 건축가는 나이로 정의되곤 하지만 사실 중요한 것은 태도다. 기성의 방식에 안주하지 않고 새로운 방식으로 도시를 혁신하고, 주어진 문제에 정답을 쓰기보다는 문제를 새로 정의 내리고, 기성 건축가가 전혀 생각하지 못한 답을 내는, 도시에 대한 태도. 이런 태도들이 모인 도시, 이것이 젊은 건축가들의 도시다.

　　우리는 기념비와 거대 담론이 아니라 동네 건축과 삶의 이슈가 중요하다고 생각하여 첫 행사를 마을의 모습이 아직 존재했던 성산동 마을회관에서 열었다. 주제는 '일상 건축'으로 잡았다. 일상성의 화두를 발전시킨 건 일상에서의 색다름이었다. 일상이 지루하기보다는 풍부하고 재미있을 수 있다는 가정이었다. 이 화두는 중요한 씨앗이었다. 무거웠던 건축을 대중성(pop)과 재미(fun)로 가볍게 만들고, 우리 삶의 한가운데로 가져온 기분이었다. 이런 아젠다들은 기성 건축가들이 생각하지 못했던 젊은 건축가들의 생각이었다. 그리고 시대가 변했고 우리는 옳았다. 나는 미래의 젊은 건축가들의 생각도 또한 옳으리라 생각한다. 왜냐하면 그들은 시대에 적응하기 때문이다.

건축을 일상성에 집중하고, 건축에 없었던 'pop'과 'fun'으로 건축에 접근하는 젊은 건축가들의 모임, 누군가 차려준 게 아니라 우리 스스로 차린 플랫폼, 이 젊은 건축가들의 포럼은 도시 스타트업이 되어 우리 도시를 변화시키는 주역이 될 것이다. 앞으로도 이 플랫폼에서 수많은 인디 건축가의 미래 건축이 출발하기를 기대한다.

건축가는 무엇을 그리는가

배윤경

2014년도 에르메스재단 미술상을 수상한 그래픽디자이너 슬기와 민의 작업 〈테크니컬 드로잉〉을 마주하고는 의문이 일 수밖에 없었다. 일단 그것은 드로잉이 아니었기 때문이고, 또한 지시 대상을 또렷하게 전달할 의무가 있는 그래픽디자인의 관습과도 거리가 멀었기 때문이다. 흑백의 기하학적 패턴들은 더러 숫자가 포함된 경우도 있었지만, 그것만으로는 무슨 의미인지 분간이 어려웠다. 어쨌거나 모든 이미지는 지독한 근시안이 아침에 눈을 뜨고 보게 되는 최초의 장면처럼 불명확함 그 자체였다. 슬기와 민은 인터뷰에서 어떤 기술적 도안을 극단적으로 클로즈업해 흐릿한 장면을 포착했으며, 이는 모든 것이 지나치게 명확하고 투명한 시대에 대한 거부감이라고 제작 의도를 밝혔다. 더불어 자신들이 창안한 인프라 플랫(infra-flat)이라는 개념을 첨언했다. 마르셀 뒤샹의 인프라 씬(infra-thin)을 응용한 인프라 플랫은 과잉 정보나 스마트 폰을 매개로 한 소통 강박이 지나치다 못해 깊이가 없게 만드는 상황, 즉 세상을 납작하고 평평하게 압축하는 힘이 도를 넘어 오히려 역전된 깊이감이 창출되는 아이러니를 가리킨다고 한다. '역전된 깊이감'이라는 표현으로 짐작하듯 포토샵으로 블러 처리된 이미지들은 거리를 멀리할수록 그나마 약간 선명해진다. 끝으로 작가는 다음과 같은 질문을 던지며 주로 평면에 족적을 남겨야 하는 그래픽디자이너의 한계를 극복하고자 하는 시도가 계속될 것임을 예고했다. "무차원 세계의 원근법 회화를 상상할 수 있나? 우리도 그게 뭔지는 모르겠지만, 근사하지 않을까?"

그래픽디자이너와 달리 건축가의 드로잉은 그 속성을 논하기에 경계가 무척 모호하다. 넬슨 굿맨의 말을 빌자면, 구문론적으로도, 의미론적으로도 조밀한 상태이다. 우편번호와 같이 구문과 의미가 일대일 대응을 이루는 상황을 희박하다고 표현한다면, 회화와 같이 붓질 하나하나를 일일이 구별하거나 전체 화폭에서 분리시킬 수 없는 경우를 조밀하거나 충만하다고 한다. 건축가가 그려내는 이미지들은 구체적인 정보를 지시하는 기호에 머무르지만은 않는다. 결과에 다다르는 과정이 스케치로 기록되기도 하며, 건축에 대한 이론을 검증하는 다이어그램도 있다. 드로잉 자체로 미학적인 완성도가 뛰어나 건축적 내용을 모르더라도 감상의 대상으로 즐기기도 하며, 따라서 회화처럼 전시되거나 귀중한 문화재가 되기도 한다. 알베르티가 추구했듯이 어떠한 부연 설명이 없더라도 현장에서 창작자가 의도한 바를 완벽하게 구현하도록 돕는 것이 건축 드로잉의 효용이지만, 정작 건축가마다 자신만의 표현 방식을 고민하고, 평·입·단면도 형식만으로는 수용자의 머릿속에서 공간이 잘 연상되지 않는 경우가 빈번하다. 도면에 옮긴 작업은 대부분 실질적인 구현을 전제로 한다. 건축가의 드로잉은 앞으로 발생하게 될지도 모르는 잠재적 현실에 대한 재현이며, 3차원으로 보이는 2차원이므로 완전한 평면 작업도 아니다. 평·입·단면도, 액소노메트릭, 오블리크와 같이 깊이가 사라진 장면은 재현하려는 사람과 대상간의 거리가 무한대에 가까울 때나 가능하기 때문에 살아생전 결코 경험할 수 없는 상상의 산물이기도 하다. 실제로 지어지는 결과는 숱하게 남긴 드로잉과 결국에는 차이가 발생하며 열화 복제 버전이 되고, 드로잉은 결국 예측하지 못한 미래였다는 안타까운 계시와도 같다.

가상현실이 난무하고, 플렉서블 디스플레이가 상용화되는

시대에서도 원근법에 대한 탐구는 계속된다. 인류가 육안으로 세상을 파악하는 한 꾸준히 그럴 것이다. 한동안 건축학과 커리큘럼에서 제도 교육이 사라졌었다. 그 공백은 디지털에 대한 맹신으로 수작업을 번거롭고 느리기만 한 구시대의 산물로 치부한 데에서 연유한 것인지도 모르겠다. 분명 2000년대에는 3D 소프트웨어의 발전과 더불어 3차원 곡면이나 난해한 기하학과 결부되지 않은 작업은 어딘가 고루하고 게으른 태도로 느껴지곤 했다. 그런데 전 세계 경제가 더 이상 상승곡선을 향하지 않는다는 전망과 더불어 디지털 방법론과 비유클리드적인 공간을 생산하려는 동력은 힘을 잃고 말았다. 현장에서는 여전히 비숙련공들이 주도하는 습식 공사가 주를 이루고, 고딕 성당처럼 석재를 정교하게 다듬을 일이 없기 때문에 복잡한 형태를 재현하는 방법에도 관심을 두지 않는다. 폐허가 갖는 낭만성 혹은 가난한 브루탈리즘이라고 부르고 싶은 카페 인테리어가 유행이었던 것 또한 시대의 변곡점에서의 겪는 정체와 무기력이었을 뿐이다.

이제는 이러한 퇴행에 대한 반성이 눈에 띈다. 다양한 종류의 벽돌과 타일을 사용하여 정직하게 쌓은 공간과 조형 요소로서의 아치의 사용이 그렇다. 줄눈으로 나타나는 비례와 균형, 그리고 일점 투시에 의한 깊이가 강조된다. 회전율을 높이고자 하는 상업 공간들은 의도적으로 불편한 가구를 두는데, 최소한의 역할만 담당하는 가구들 덕에 공간이 갖는 구축적 분위기는 상대적으로 두드러진다. 여기에 로만 아치까지 가세하니 그야말로 르네상스의 귀환이 아닌가 싶을 정도이다. 이러한 공간 구축 방식은 다시 드로잉과도 관련을 맺는다. 건축가들의 작업에서 3차원 평행투상도가 예전보다 자주 눈에 띄고, 특히나 평행투상도의 한 방식인 오블리크

프로젝션의 비중이 커졌다. 축측투상도인 액소노메트릭 중 아이소메트릭의 경우 여타의 3차원 드로잉 툴에서는 버튼 하나로 간단하게 변환시켜주지만, 오블리크의 경우는 하나씩 그려야 하는 추가적인 작업이다. 조선시대의 병풍과 동궐도와 같이 큰 그림을 여럿이 나눠 그려야 하는 조건이 아니라면 굳이 택하지 않는 시점이다. 따라서 오블리크에는 드로잉에 대한 애착과 관심은 기본이요, 낯선 표현 방식을 통해 남다른 작업을 전달하고 싶은 의도가 반영되었다. 나아가서는 프로젝트 전 과정을 지휘하는 젊은 건축가여야 가능하다고까지 추측해 볼 수 있다. 4.3 그룹에 속했던 승효상, 조성룡, 이일훈 등이 오블리크 시점을 전유하여(비록 매체에서는 액소노메트릭으로 표기하고, 승효상은 그마저도 투시도의 일종인 조감도로 알고 있었다고 하지만) 이전 세대와 차별을 두려했던 경우와 같이 말이다. 건축사무소 aoa나 오피스아키텍톤의 경우 사투상도 시점을 적극적으로 반영하고, 특히 이들은 하늘을 나는 새의 시선에 반대되는 벌레의 시선(蟲瞰, worm's eye view)을 즐겨 사용한다. 어째서일까? 그나마 일반적인 평행투상도는 높은 위치에서 망원렌즈를 통해 비슷한 수준으로 감상할 수 있는 방식이다. 반면, 충감도는 땅과 바닥 슬래브의 두께를 무시한 방식으로 불가능 중에서도 불가능한 시선이다. 1950년대 제임스 스털링의 작업에서도 찾을 수 있는 충감도는 내구 공간의 구성 논리를 보여주기에 지극히 구축적이며, 반면 위를 올려다보는 시점과 불가능이라는 측면에서 감성적이라 여길 수 있다.

　　최근 5년간 대학에서 시각표현기법을 가르쳤던 필자의 개인적 경험을 밝히자면, 무엇보다도 투상도에 집중했다. 알브레흐트 뒤러가 실습했던 방식 그대로 일점 투시의 원리를 체득하고, 특히 액소노메트릭과 오블리크의 차이를 여러 번에

걸쳐 강조했다. 그런데 계단이나 창문을 표기하는 방식과 같이
기술적인 부분을 더 자세히 다뤄야 하는지 고민했다. 액소노와
오블리크를 구별하지 않는다고 해도, 시선과 화면의 교차점이
의미하는 바를 모른다고 해도 설계하는 데에 문제는 없다.
남들보다 조금 나은 점이라면, 지하철 역사를 안내하는 3차원
입체도나 영화 상영 전 반드시 보게 되는 화재시 대피경로를
잘 이해하는 정도랄까. 3차원 모델링이 완료되면 명령어 하나로
원하는 시점을 즉각적으로 선택할 수 있는 시대에 손으로
투상도를 그리는 의미와 그 효용성을 찾지 못했다. '열린 창문'
너머의 세상을 재현하고 싶었던 오랜 열망이 르네상스의
일점투시도법으로 이어졌다. 계몽주의 시대 백과전서를 채웠던
평행투상도를 비롯하여 입체파의 도전과 디지털 건축의
등장 또한 세상을 재현하는 방식에 대한 관심에서 비롯된다.
마이크로소프트 윈도우의 이름이 도어나 포탈이 아니라
창문인 까닭도 세상을 바라보는 시점을 중요하게 생각했던
서양의 유구한 전통에 기인한다. 당장이라도 스마트폰의 화면을
통해 무수히 많은 창문을 여는 현대인에게 전통적 방식의
드로잉이 어떤 의미일지, 그리고 건축가들에게는 유의미한
차이를 낳을지 궁금하다.

    이러한 의문에서 〈두 번째 탐색〉 포럼을 빛냈던 김효영의
작업은 생각지 못한 답을 주었다. 그 역시도 오블리크 드로잉을
즐겨 그리지만, 단일 두께의 선을 사용하거나, 다이아몬드
형태의 평면을 구상하여 평면성을 극대화한 존 헤이덕의
방향과는 사뭇 다르다. 그가 선택한 시점은 과거 이탈리아
성직자가 포교를 위해 중국에 건너가 서양 회화를 통해
그들의 관점을 전파했을 때 중국이 가졌던 반감처럼 '예술성이
희박하고, 폭력적인 시선' 그대로이다. 하지만 특정 시간대의

그림자를 반영하고 명암 대비가 뚜렷한 채색은 그것만으로도
큰 차이를 낳는다. 울산 벽집 입면도와 같이 작가적 감성을
느낄 수 있는 드로잉은 과거 베르트랑(Bertrand the Elder)이
1817년에 그린 투스칸 오더를 연상할 수 있다. 사영기하학의
발달과 함께 정확하게 그림자를 작도하는 방식은 과거의
인물들이 관찰과 경험으로 익힌 대략적인 스케치와 다르게
오더가 갖는 변화무쌍한 굴곡과 부재들이 수직적으로
놓인 위계를 선명하게 드러냈다. 김효영은 이렇게 공들인
드로잉을 통해 건축의 '살아있음'을 강조한다. 건축은 각자의
얼굴과 인상을 갖고 있으며 이를 찾아주는 것이 건축을 낳는
건축가의 역할로 생각한다. 이는 대부분의 건축가가 비슷할
것이다. 비록 캐드 드로잉이 대부분의 업무를 차지하더라도
기왕이면 제도판에 앉아 홀더를 쥐는 모습을 남기고 싶어 하고,
오구(烏口)에 잉크를 먹이거나, 전지 복사를 하러 뛰어다니고,
트레이싱지의 도면이 청사진으로 복제되었을 때의 감흥을
추억하기 마련이다. 그리고 이렇게 다양한 신체 감각을 동원한
창작 활동이 건축을 대하는 진지한 태도로 이어진다고 믿는다.

1984년 9월호에 발간된 『건축문화』에서는 당대 건축가들의
드로잉을 특집으로 다루었다. 이타미 준이 글을 남겼으며,
김중업, 김기석, 조성룡 등 7인의 작업을 실었다. 이미 10년 전
형성된 서양과 일본의 담론에 눈을 뜨며 건축가의 드로잉도
예술적인 가치를 가질 수 있다는 확신에 찬 목소리를 들을
수 있어 반갑지만, 사실상 지면을 채운 드로잉들은 한 때의
자의적인 유희에 불과하고, 조성룡을 제외하고는 전반적으로
수준이 낮았다. 반면, 일본의 경우 이토 도요는 1976년 화이트U
주택 작업에서 입면 오블리크를 남겼으며, 안도 다다오를
비롯한 일본 건축가들이 80년대 활동 당시에도 수준 높은

석판화를 남겼다. 제16회 베니스비엔날레에서 일본은 총감독 모모요 카이지마의 지휘 아래 〈건축적 민족지〉라는 주제로 세계 각지의 드로잉을 일본 파빌리온 안으로 가져와 드로잉에 대한 논의를 꾸준히 이어가며 동시에 자국의 표현 방식을 마치 하나의 상품처럼 세계를 상대로 수출한다는 인상을 받았다. 일본이라는 나라는 우리와 비슷한 이웃 같아도 실상 들여다보면 태생적으로 다른 세계라는 인상을 받는다. 주요 도시가 대부분 평지에 조성되었고, 교토 같은 곳은 현대의 계획 도시 못지않게 직교 그리드 체계를 이룬다. 이러한 환경에서는 경험하는 외부 세계에서 자연스레 일점 투시가 강조되기 마련이다. 벽, 문살, 다다미 바닥, 지붕 구조 모두 곧은 직선들로 이루어졌으며, 실내 공간은 발터 그로피우스가 가쓰라 리큐를 방문하고 놀랐던 것처럼 서양보다 더 고집스럽게 그리드 체계를 구성한다. 에도시대의 우키요에에서 즐겨쓰던 일점 투시 화법은 그들에게는 너무도 당연한 시점이었다.

마침 이번 포럼에 초대된 오헤제 건축의 이해든, 최재필은 동경예대를 졸업한 관계로 이들에게 일본에 대한 경험을 듣고 싶어 인터뷰를 진행하였다. 비록 질문을 던지는 사람도 아직은 뚜렷한 확신과 정보가 부족한 상황이라 피상적인 접근에 머물렀지만, 향후 논의에 대한 출발이 되었으면 좋겠다는 바람으로 간략하게 나누었던 내용을 옮긴다.

인터뷰: 오헤제 건축 × 배윤경

일본 잡지 『주택특집』 2017년 1월호에서 12회 다이와주택공모전 결과를 봤다. 수상자 총 16팀 중 한 팀을 제외한 모든 건축가가 손으로 그린 그림을 제출했다. CG를 의도적으로 멀리한 듯한 분위기를 느꼈는데, 일본의 전통인가? 아니면 일부에 국한된

추세인가?

　　핸드 드로잉이 전체적인 풍토라고 할 순 없고 캐드 드로잉도 병행한다. 상황에 따라 작업 방식을 달리하는데, 우리나라보다는 손을 쓰는 작업이 많은 것 같다.

　　일본 건축가들의 드로잉에서는 건물뿐 아니라 주변의 사소한 사물들까지도 세세하게 묘사해서 인상적이다. 실제로 도쿄 주택가를 걷다 보면 화분을 내놓은 집도 많고, 주민이 자기 집 주변을 청소하는 장면도 자주 보게 된다. 자기 구역에 대한 소속감이 남다르다고 할 수 있을까?

　　우리가 일본은 이렇다고 단적으로 이야기하기는 어렵다. 그래도 이번 포럼에서 한국과 일본의 차이에 대한 질문을 받은 후 생각해 본 점은 있다. 생활 공간이 얼마나 개방적인지로 서로 비교해 볼 수 있을 것 같다. 우리는 창이 크고 많다. 다들 남쪽으로 창을 낸다. 집에 종일 머무르는 사람이 아니더라도 집 안에서의 생활을 중요하게 생각한다. 단지 조성이 잘 되어있고, 아파트 자체 커뮤니티도 발달한 덕에 집 안에서 모든 생활이 이루어진다. 동네보다는 집이라고 생각하는 권역 내에서 활동이 집중된다. 배달 문화가 발달한 이유도 마찬가지라고 본다.

　　일본의 집은 폐쇄적이다. 면적 자체가 작고, 창의 크기를 봐도 밖으로부터의 시선에 엄격하다는 것을 알 수 있다. 주로 집을 빌려서 사는 도쿄 도심 이야기라 일반화할 수는 없지만, 대부분의 사람들이 보통 전철역에서 내려서 집까지 15분 정도를 걷고 그 사이 여러 가게를 지난다. 대문까지 도달하는 시퀀스로 인해 개인의 생활 반경이 제법 넓은 편이다.

　　그래서 주변에 대한 태도가 다른 것 같다. 어떤 형식의 공간에서 사는지도 중요하지만, 해당 주거가 마을 안에서 어떤 역할을 한다거나, 어떤 네트워크를 맺는다거나, 어떤 산업에

이웃한다거나 하는 여부가 중요하다. 주변을 그린다는 것도
물건, 사람의 행위, 옆집, 주변 환경, 나아가서는 네트워크와도
연관이 있다. 주변을 그리는 게 목적이자 결과다.

일본 건축가의 드로잉이 젊은 세대들에게 영향을 많이
미쳤다고 생각한다. 2001년에 출간된 『Made in Tokyo』를
보면 입면 오블리크 시점과 동일한 두께의 선들을 사용해서
평면성이 두드러진다. 그래서 건물이 미니어처 같고 디테일은
무의미하다. 그런데도 간판에 상호를 써넣고, 자동차와 가로등을
그려 넣었다. 아틀리에 바우와우가 『Graphic Anatomy』에서
구현한 디테일을 보면 건축 도면으로서도 완벽한데, 건축
안에서의 사람들의 생활까지도 구체적으로 상정한 시도에서
깊은 인상을 받았다.

『Made in Tokyo』는 일본에서도 그랬고, 최근까지 우리
연구에도 영향을 많이 미쳤다. 아틀리에 바우와우의 모모요
카이지마는 버블이 최고조로 달한 시기에 집값이 지나치게 올라
오히려 건축의 가치가 형편없이 떨어진 시기를 겪은 세대다.
또한 『건축이 없는 건축』, 『라스베이거스의 교훈』과 같은
책에서도 영향을 받았다. 이런 연장선에서 도쿄만이 만들어낸
건축이 있지 않을까 하는 가설을 세우고 찾아 나선 결과물이다.
산업화 이후 도시가 빠르게 바뀐 후 여태까지 소중하게 여겨왔던
것들이 사라지는 데 대한 무력함이 표출되기도 한다. 민속학자나
언어학자처럼 기존 것들을 채집하고 기록하는 시도들도 있었다.
버블이 붕괴하던 격변기에 대학을 다니고 성인이 되었기 때문에
여러 가지 생각이 많았으리라 본다.

우리 세대에게는 3.11 동일본 대지진이 그렇다. 거대한
사건은 다시금 건축이 어떠한 역할을 해야 하는지, 무엇을
만들어야 하는지에 대해 돌아보는 계기로 작용한다. 우리가

건축을 둘러싼 환경을 세세하게 그리는 까닭은 시간에 대한
생각을 반영한 것이라고 보면 좋겠다. 건물을 설계하는 기간과
계획이 실현되고 유지되는 기간을 따져보면 두 시간대 사이의
격차가 매우 크다. 설계하는 과정에서 나오는 드로잉들은
건축이 탄생하는 전후의 시차를 이어주는 역할을 한다.
미래를 그리는 것이기에 미래를 상상하면서 자연스럽게 다양한
요소를 그리게 된다.

　　일본에서는 드로잉에 대한 구체적인 가르침이 있나?
교육 과정 중 가이드가 있다거나, 이런 스타일로 그려보라던가.

　　왜 이런 식으로 표현했는지 스스로 대답하게 한다.
표현 의도는 건축의 내용과 일치해야 하며, 표현 방식에서는
자신만의 오리지널리티가 있어야 한다. 이런 형식적 통일이
설계 교육에 포함된다. 일본 건축학과는 와세다 대학의 경우를
제외하고는 예대나 미대에 속하다 보니 공학 베이스와는 사뭇
다른 분위기다. 그리고 테크닉보다는 자기 생각을 정확하게
표현해야 하고, 경향이나 유행을 좇지 않는다. 일본에서 받은
가장 큰 영향이라면 본인의 색깔을 진솔하게 꺼내는 훈련이다.

　　우리가 건축에서 추구하는 바는 건축과 생활이 위화감
없이 잘 얽혀있는 상태다. 우리 드로잉은 새로운 환경에서
사람들이 어떻게 살아갈지, 주변 환경이 어떻게 대응할지를
확인하는 일종의 테스트라 할 수 있다. 그려보면 예측할 수 있기
때문이다. 건축 디테일도 그렇다. 사무실에서 1/10, 1/5 스케일의
상세 도면을 제법 그리는 편인데, 단지 시공사에 지침을 주려는
목적만이라면 그렇게까지 많이 그릴 필요는 없다. 우리에게
드로잉은 결과물을 잘 보여주는 의미도 있지만, 동시에
변화하는 과정을 담는 것이기도 하다.

　　좋아하는 일본 그림이나 작가가 있나? 나는 에도 시대 도시

풍경을 그린 판화를 좋아한다. 대부분의 일본 그림이 그렇듯 정황 묘사가 세밀하고, 일점 투시의 초점을 강조해서 극적인 긴장감을 연출하곤 한다. 액소노메트릭이나 오블리크 시점에서 그리더라도 구름으로 배경을 숨기면서 원근감을 가질 수 없는 평행투상도의 한계를 극복하는 방식도 재밌다.

　　나카야마 히데유키 교수의 드로잉을 좋아한다. 『스케칭』이라는 책을 내기도 했는데, 아이가 그린 듯 간단해 보이지만 전달하고자 하는 바가 명확하다. 재학 시절 알게 된 SANAA의 더 쿤스트리니에(De Kunstlinie)¹ 프로젝트는 충격적이었다. 세지마 가즈요의 드로잉은 여타 건축가들과 스타일이 확연히 달랐다. 두께 없는 벽을 그리고, 실제로도 그렇게 얇게 구현해서 놀랐다. 일본은 아니지만, 렘 콜하스의 「엑소더스」²가 같은 선상에 놓여 있다. 드로잉이나 콜라주에 많은 것을 내포했다. 건축이 단지 건물에 국한된 것이 아니라 도시나 환경을 집적해 놓은 상태라는 생각을 보여줬다. 다루는 규모도 크고, 거기에 속한 사람도 많다. 건축은 일종의 세계 또는 환경이라는 태도가 매력적이다.

1　네덜란드 도시 알메이르에 위치한 문화시설. OMA가 마스터플랜을 수행했으며 2006년에 완공했다.
2　1972년 OMA의 창립 멤버인 렘 콜하스, 마델론 브리센도르프, 엘리아 젱겔리스, 조 젱겔리스가 런던 AA스쿨에서 발표한 논문. 원제는 「Exodus, or the Voluntary Prisoners of Architecture」다.

필자와 패널

박성진

사이트앤페이지의 대표로, 공간 기획자이자 에디터. 한국예술종합학교와
스페인 마드리드공과대학 대학원에서 건축이론과 역사를 공부했고, 십여 년
동안 「공간(SPACE)」의 편집장과 기자로 일했다. 현재 서울디자인컨설턴트,
서울시 미래유산보존위원회 위원, 「공간」 편집자문위원, 홍익대학교
설계스튜디오 강사를 겸하고 있다. 저서로는 「모던스케이프」(이레, 2009),
「문화를 짓다」(문학동네, 2015), 「언젠가 한 번쯤 스페인」(시드페이퍼, 2012)
등이 있다.

박정현

서울시립대학교 건축학과에서 박사학위를 받았다. 「포트폴리오와
다이어그램」, 「건축의 고전적 언어」 등을 번역했으며, 「전환기의 한국건축과
4.3그룹」, 「아키토피아의 실험」, 「중산층 시대의 디자인 문화」(이상 공저)
등을 썼다. 〈2011 광주 디자인비엔날레〉, 〈Out of the Ordinary〉, 〈종이와
콘크리트: 한국 현대건축 운동 1987–1997〉, 〈2018 베니스비엔날레〉
등의 전시 기획에 참여했다. 현재 도서출판 마티의 편집장으로 일하며
건축비평가로 활동하고 있다.

배윤경

연세대학교 건축공학과를 졸업하고, 네덜란드 베를라헤 인스티튜트에서
Advanced Master of Architecture 학위를 받았다. 현재 대학에서
건축설계와 이론을 강의하며, 여러 미디어에 건축 관련 칼럼을 기고한다.
저서로는 「어린이를 위한 유쾌한 세계 건축 여행」, 「암스테르담 건축기행」,
「DDP 환유의 풍경」(공저), 「가까스로 반짝이는」 등이 있다.

심미선

중앙대학교와 서울시립대학교에서 건축을 공부했다. 「공간」의 기자로
일했고 출판 브랜드 ‘공간서가’ 런칭과 「건축 이전의 건축 공동성」, 「한국
현대건축 평전」 출판 기획과 편집을 담당했다. 국립현대미술관 〈상상의
항해〉 연계 프로그램 기획, 〈종이와 콘크리트: 한국 현대건축 운동 1987–
1997〉 자료 조사, 목천건축아카이브 「김종성」 구술채록 프로젝트, 〈2018
베니스비엔날레〉 등에 참여했다.

임진영

건축저널리스트이자 에디터, 기획자로 활동하고 있다. 『공간』 편집팀장을
거쳐 2017년까지 『MARK』에 건축 기사를 썼다. 건축과 공공이 만나는
접점을 확대하는 실천에 관심을 두고 건축물 개방 축제 〈오픈하우스 서울〉을
기획, 운영해오고 있다. 『HHF』, 『조병수』, 『황두진』 등 다수의 모노그래프와
『바우지움』, 『학문과 삶의 기록』, 『공공건축의 새로운 실험』 등 여러 작품집을
기획, 편집했으며, 〈네덜란드에서 온 새로운 메시지: 네덜란드 건축/디자인〉,
〈보이드〉 등의 전시에 참여했다.

전숙희

이화여자대학교를 졸업하고, 프린스턴대학교에서 수학했다. 와이즈건축은
2008년에 사무소를 개소하여 건축 작업을 하고 있다. 공공예술프로젝트를
기획하고 실행하며, 여러 집단과 연계해 건축 놀이 활동을 지속하고
있다. 2011년에 대한민국 젊은건축가상을, 2012년과 2015년에
전쟁과여성인권박물관과 어둠속의대화로 서울시건축상 최우수상을
수상했고, 2015년 코리아디자인어워드 공간대상을 수상했다.

정다영

건축과 도시계획을 전공하고 『공간』에서 기자와 편집자로 일한 뒤, 현재
국립현대미술관 학예연구사로 재직하며 건축 부문 전시 기획과 연구를 맡고
있다. 아카이브와 도큐멘테이션을 매개로 건축과 시각문화에 대한 이야기를
풀어가는 큐레이터로 건축의 다양한 확장과 그것을 이론화하는 데 관심을
갖고 있다. 이에 대한 실천으로 동료들과 함께 정림건축문화재단의 〈건축
큐레이팅 워크숍〉을 기획했다. 기획한 주요 전시로 〈아트폴리 큐브릭〉(2012),
〈그림일기: 정기용 건축 아카이브〉(2013), 〈이타미 준: 바람의 조형〉(2014),
〈아키토피아의 실험〉(2015), 〈보이드〉(2016), 〈종이와 콘크리트: 한국
현대건축 운동 1987–1997〉(2017), 〈김중업 다이얼로그〉(2018) 등이
있다. 『파빌리온, 도시에 감정을 채우다』를 비롯해 여러 책을 다른 연구자와
함께 썼다. 2018년 베니스비엔날레 한국관 공동 큐레이터로 참여해 〈국가
아방가르드의 유령〉전을 선보였다. 현재 건국대학교 산업디자인학과
겸임교수로 디자인문화 연구에 대한 강의를 진행하고 있다.

하태석

성균관대학교와 AA스쿨을 졸업했으며 영국왕립건축사다. 2005년부터
7년간 아이아크 공동대표로 디지털 기반의 혁신적 디자인을 주도했다.
2006년 신인건축가상을 수상하였으며, 2012년 젊은건축가포럼코리아를
설립하여 초대 위원장을 지냈다. 2012년 건축설계 및 건축소프트웨어
회사인 스케일(SCALe)을 설립했고, 2017년 과학기술과 인문예술의
협업을 통해 미래 도시를 준비하는 단체 퓨쳐시티 소사이어티(Future City
Society)를 설립했고, 2019년 인천 서구 스마트에코시티 총괄건축가로
위촉되었다. 최근 집이 알아서 주인의 삶에 맞춰 적응하는 주거 IMhouse
리빙랩을 완성하면서 포지티브섬 시티와 어댑터블 건축이라는 개념을 통해
4차 산업혁명으로 인한 미래도시 변화의 비전을 제시하고 있다.

정림건축문화재단은 한국 건축의 건강한 생태계 조성을 위해
설립되었습니다. 건축의 사회적 역할과 건축을 통한 공동체 활성화를
목적으로 건축 뿐만 아니라 문화예술계와 활발한 교류에 힘씁니다. 또한
한국 건축문화의 균형 잡힌 매개자가 되기 위해 미디어, 교육, 포럼, 전시,
공동체 연구, 출판 등 다양한 프로그램을 진행하고 있습니다.
www.junglim.org